시간의 언어화와 번역

시간의 언어화와 번역

시간 표현에 대한 영한 번역을 중심으로

설옥순 지음

도서출판 동인

책머리에

언어에는 그 언어를 사용하는 사람들의 문화가 담겨 있습니다. 그래서 두 언어를 매개하는 번역에는 문화 사이에 이질적인 요소를 번역해주는 복합적이며 전문적인 접근이 필요합니다. 번역사는 하나의 언어로 작성된 글을 다른 언어로 가능한 온전하게 옮겨주기 위해서, 각 언어의 배경인 문화를 정확하게 이해하고, 이를 바탕으로 작가의 저작 의도와 독자의 특성까지도 번역에 반영해주어야 합니다.

번역에 대한 이 같은 이해가 학계에서 상식처럼 통용되고 있지만, 실제로 외국어가 교육되거나 번역되는 국내 현실은 그렇지 못합니다. 우리 사회가 그토록 강조해온 영어 교육과 영한 번역에서조차, 영어와 한국어의 언어적 문화적 차이에 대한 종합적인 선행 비교연구가 없다시피 합니다. 영어와 한국어 가운데 한 가지 언어를 언어학이나 문화적으로 깊게 논의한 연구물은 많지만, 이들을 비교한 연구는 수적으로 적으며, 그것도 매우 좁은 관점에서 다뤄져온 경향이 있습니다.

저는 번역학을 공부하고 강의와 방송 활동을 해오며, 영어의 시제 (tense)와 시상(aspect)이 한국어의 시간표현 방식과 다른 점을 자주 인식하였으나, 이를 비교하여 종합적으로 연구한 학술 서적이나 논문이 국내에 거의 없다시피 함을 안타깝게 생각하여 왔습니다. 국내외 학계에서는 시간 표현에 대한 문법 범주의 기능이 모든 언어에서 다르다고 이론적으로 논의하여 왔지만, 영문학과 국어학 분야에서 영어의 시간 표현이 한국어의 시간표현과 다른 차이와 원인을 종합적으로 연구한 문헌이 없음에 놀랐습니다. 그래서 저는 박사학위 과정을 이수해 오면서, 줄곧 이 문제에 관심을 가져 왔습니다.

　　그 작은 결실로서, 이 책에서는 영어 품사 가운데 한국인이 배우기가 비교적 어렵다고 알려져 있는 동사의 시간 표현 문제를 중심으로 놓고서, 시간의 언어화와 번역에 대한 문제를 다뤄보았습니다.

　　저는 시간 표현에 대한 문법 범주의 기능이 모든 언어에서 다른 근본적인 이유를, 각각의 언어에서 체계를 갖춘 시제와 시상이 자연과학에서 통용되는 세계 공통의 시간과 차이가 나는 점에서 찾을 수 있다고 봅니다. 구체적으로 말해서, 자연과학에서는 대체로 시간에 현재가 없다고 보며, 우주 대폭발에서 비롯된 시간은 과거로부터 미래로 줄곧 흘러가고 있는 것으로 일반적으로 알려져 있습니다. 그렇지만 언어 체제인 시제와 시상에서는 시간 파악에 있어서 발화 시점인 현재가 중심이며, 시간에 구역을 설정하여 나누어 파악해온 경향이 있습니다. 그래서 특정 언어로 표현된 시간은 자연과학의 시간과 차이가 나게 되며, 다시 이를 다른 언어의 시간 체제로 번역할 때 비등가(non-equivalence) 문제에 직면하게 됩니다.

　　따라서 저는 시간의 언어화와 번역 측면에서 영어 교육과 영한 번역의 방향을 안내하기 위해서 이 책을 준비하였습니다. 먼저, '시간의 언어화와 번역에 대한 반성'(제1장)에서 시간의 언어적 인식은 모든 문화에서 동일하지 않음을 설명하였고, 이 책에서 어떤 관점으로 이 문제를 논의하였는가를 안내하였습니다. 이어서 '시간의 언어화'(제2장)에서는 시간 포착의 다양성과 시간의 언어화 방식을 설명한 다음에, 시간 번역의 비등가 원인을 언어구조적 차이와 시간포착상 한계 측면에서 설명하였습니다. 또한 '시간 표현의 번역'(제3장)에서는 시간 번역의 기준, 방법, 단계를 제시한 다음에, 시간 번역의 전략을 통사론과 화용론 측면에서 탐색하여 이를 예시해 주었으며, 제4장에서는 이 책에서 밝힌 문제와 남은 과제를 설명하여 부족하나마 글을 마무리하였습니다.

막상 책을 내려고 하니 계속 연구해야 할 부분이 자꾸 보이기에, 출판을 미루는 것이 좋겠다는 생각이 들었지만, 주위 분들의 격려로 용기를 내어 책을 출간하게 되었습니다. 이 책에서 미처 다루지 못한 부분을 독자님들이 함께 고민하고 언어 생활에서 탐구해 주시면, 제가 혼자 연구하는 것보다 훨씬 큰 발전이 우리 학계와 교육 현장에 있을 것으로 기대하고 있습니다.

끝으로 저의 박사학위논문에 기초한 이 책의 출판을 흔쾌히 맡아주신 동인 출판사 이성모 사장님을 비롯하여 편집실 선생님들과 그 밖의 관계자 여러분께 진심으로 감사드립니다. 또한, 저에게 번역학을 정성스럽게 가르쳐 주신 김지원 지도교수님을 비롯하여 세종대학교 영문학과 은사님들, 경희대학교 관광영어통역전공 은사님들, 이 책의 초고를 읽으며 출판을 격려해주시고 수정방향까지 안내해 주신 강원대학교 양재용 교수님, 그리고 어머니와 가족에게 감사의 마음을 전합니다.

2009년 5월
설 옥 순

C O N T E N T S

1.

시간의 언어화와 번역에 대한 반성

한국인이 영어를 배울 때 여러 품사들 가운데 특히 동사를 배우기가 어려운 것으로 보인다. 이런 현상은 번역에 있어서도 마찬가지다. 그 원인은 다양하게 제시될 수 있겠으나, 이 책에서는 영어의 시제(tense)와 시상(aspect)이 한국어의 시간 표현 방식과 다른 점에 주목하였다.[1] 왜냐하면 시간이 언어화된 시제와 시상의 문법 범주와 기능은 언어에 따라 각기 다

---

[1] 이 책에서는 영어의 'tense'와 'aspect'에 대응하는 말로서 '시제'와 '시상'이란 용어를 각각 채택하였다. 선행 연구와 문헌에서 tense는 시제(時制)로 번역되어 용어 사용이 대체로 통일되어 있는 데 비하여, aspect는 시상(時相)이나 상(相)으로 번역되어 혼용되고 있으나, 이 책에서는 시제와 대비를 이루는 시간 표현 용어임을 나타내기 위하여 시상(時相)이란 용어를 채택하였다.

르기 때문이다. 이렇게 시제와 시상의 문법 범주와 기능이 언어마다 다른 한 가지 이유는 각각의 언어에서 체계를 갖춘 시제와 시상이 곧 시간이 아니라는 점에서 찾을 수 있다. 시간에는 현재가 원리상으로는 존재하지만, 현재의 시간은 현재를 인식하는 순간에 과거가 되어 버리기 때문에, 시간이란 과거로부터 미래로 흘러가는 것으로 일반적으로 받아들여지고 있다.

그러나 시간에 대한 언어 체제인 시제와 시상에서는 시간 파악에 있어서 발화 시점인 현재가 중심이다. 언어학의 관점에서 시간은 과거에서부터 현재로 지속되는 선이며(Baker, 1998: 245), 시제는 선으로 가정된 시간 선상에서 문법화된 위치로 파악되고 있다(Comrie, 1985: 11). 시제와 시상의 관계에 있어서 시제는 문장의 외부 상황과 연결된 시간(situation-external time)이고, 시상은 문장의 내부 상황과 연결된 시간(situation-internal time)이다(Comrie, 1976: 5). 시상은 시제와 연관된 다양한 시간 현상을 나타내지만 문장의 외부 시간과 직접 연결되어 있지는 않다. 시제와 시상은 시간을 체계화시킨 방식에 의해 언어에 따라 다르다. 이러한 연유로 하팀과 메이슨(Hatim and Mason, 1990: 27)은 시제의 체계가 언어 사이에 일 대 일 대응 관계를 결핍하고 있다고 했으며, 컴리(Comrie, 1976)는 영어, 러시아어, 프랑스어, 스페인어, 이탈리아어를 비교하여 시상이 언어별로 다른 양상을 나타내고 있음을 예시하였다.

이런 견지에서 시간과 관련된 영어 표현을 한국어로 번역할 때에는, 시제와 시상이 시간과 다르다는 점과 시제와 시상의 유형과 표현 방식이 문화의 영향을 받아 언어마다 다르다는 점을 함께 고려할 필요가 있다. 무수한 시점의 동적인 집합인 시간을 시제와 시상으로 정확히 나타내기 위해서는 매우 다양한 문법 범주와 기능이 필요할 것이다. 그렇지만 이 전부를 시제와 시상의 체계에 포함시킬 수는 없기 때문에, 시간 표현은 언어가 속한 문화와 화자의 영향을 받으며 제한적으로 사용될 수밖에 없다. 따라서 서로 다른 시간 표현을 사용하는 두 언어를 매개해 주는 번역에서는 다음의 <도표 1>이 보여주는 것과 같은 비등가(non-equivalence)가 일어날 수 있다.

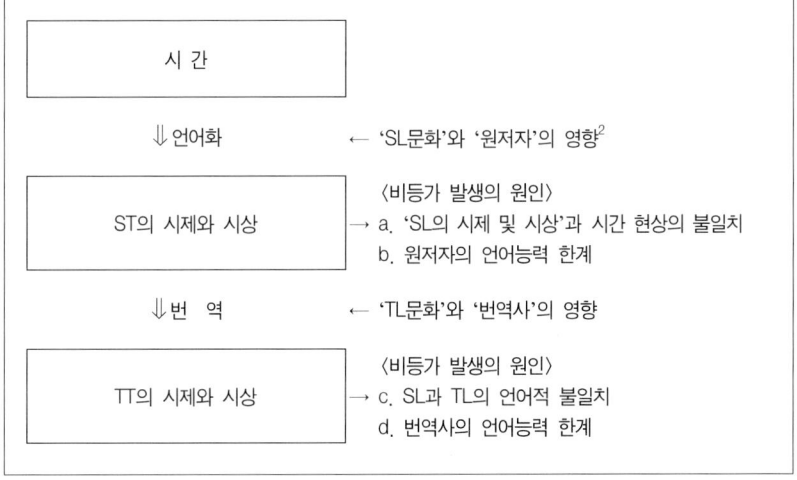

〈도표 1〉 시간의 언어화와 번역시 발생 가능한 비등가의 원인

위의 도표와 같은 시간의 언어화와 번역의 흐름을 고려할 때, 시간 표현에 대한 영한 번역에 있어서 비등가는 적어도 네 가지 측면에서 발생할 수 있다.[3]

---

[2] SL은 Source Language(원천언어)의 약자이고, TL은 Target Language(목표언어)의 약자이며, ST는 Source-language Text(원천언어 텍스트)의 약자이고, TT는 Target-language Text(목표언어 텍스트)의 약자이다.

첫째, 시간 현상이 SL 문화의 영향을 받아 언어화되는 단계에서, 'SL의 시제 및 시상'과 '시간 현상'의 불일치로 인하여 비등가가 일어날 수 있다('SL의 시제 및 시상'과 '시간 현상'의 불일치: 위 도표에서 a).

둘째, 시간 현상이 ST의 시제와 시상으로 표현될 때, 원저자의 언어능력 한계로 인하여 비등가가 일어날 수 있다(원저자의 언어능력 한계: 위 도표에서 b).

셋째, ST를 TT로 번역해주는 과정에서 TL과 SL의 시간 표현상 차이로 인하여 비등가가 일어날 수 있다(SL과 TL의 언어적 불일치: 위 도표에서 c).

넷째, 번역사에 의해서 ST가 TT로 번역될 때, 번역사의 언어능력 한계로 인하여 비등가가 일어날 수 있다(번역사의 언어능력 한계: 위 도표에서 d).

위와 같은 '시간의 언어화 과정'과 '번역시 발생할 수 있는 비등가의 원인'을 고려하면, 시간 표현과 관련된 영한 번역의 비등가를 줄이기 위해서는, 영어(SL)와 한국어(TL)의 종합적인 비교를 통하여 '시간'과 '시제 및 시상'의 관계를 정리하는 연구가 필요하다.

특히 번역의 현장은 결코 허공이나 진공 상태가 아니기 때문에, 번역사는 두 언어가 만나는 문화 체계의 차이를 고려하여 양국 문화에 대한 통찰력 있는 비전을 가질 필요가 있다(김지원, 2004: 69). 매리 스넬 혼비

---

[3] 어머 소발리(Irma Sorvali, 1996: 65-66)는 'ST가 창출된 문화'가 ST에 미치는 영향을 강조하며, ST와 TT 사이의 '시간(tempus) 간격'과 '수용자(receptor)'가 TT에 미치는 영향에 주목하였다. 이와는 달리, 이 책에서는 오늘날의 번역에 있어서 "ST와 TT 사이의 시간 간격"보다는 "'SL의 시제 및 시상'과 시간 현상의 불일치"(위 도표에서 a)와 "SL과 TL의 언어적 불일치"(위 도표에서 c)에 주목하여 번역사의 과제를 탐색하였다.

(Mary Snell-Hornby)가 말한 것처럼, 번역은 "문화를 가로지르는 사건(a cross-cultural event)"이며 "문화에 대한 언어의 의존"을 피할 수 없기 때문이다(1995: 39, 61). 따라서 시간 표현과 관련된 영한 번역의 비등가를 줄이기 위해서는, 영어와 한국어의 시제와 시상이 시간 현상을 나타내는 방식을 전체적으로 분석하여 비교하고, 영어와 한국어가 통용되는 문화의 차이를 번역에 정확하게 반영해줄 필요가 있다. 이처럼 시간 표현과 관련된 영한 번역에 있어서 시제와 시상에 대한 종합적인 비교연구가 번역학의 관점에서 수행되어야 했지만, 기존의 번역 관련 연구물에서는 영어와 한국어의 시제와 시상의 차이를 주로 영어학이나 국어학 혹은 언어학의 어느 한 가지 체계를 중심으로 삼고 부분적으로 조망하며, 영한 시간번역에서 일어나는 시제와 시상의 비등가 문제를 단편적으로 논의하여온 경향이 있다.

이것은 번역학이 종속적 위치에서 탈피하여 독자적인 학문으로 성립된 것이 20세기 후반으로 역사가 짧고 국내에서도 번역학에 대한 본격적인 활동이 뒤늦게 시작된 까닭에, 영한 번역을 영어학이나 국어학 혹은 언어학의 어느 한 가지 관점에서 지엽적으로 파악해온 동향을 완전히 벗어나지 못한 결과라고 볼 수 있다. 결과적으로 시간 표현의 영한 번역에서 비등가의 원인들 가운데, SL과 TL의 불일치(위 도표에서 c)에 대한 종합적인 비교 검토와 분석이 이루어지지 못한 상태에서, ST와 TT의 불일치(위 도표에서 d) 사례에 연구를 집중해온 경향이 있다.

구체적으로 말해서, SL의 시제와 시상을 체계적으로 밝히는 측면에서, 영어와 한국어 분야에서 각각 시제와 시상을 깊게 논의한 선행 연구가 몇 편 있으나, 영한 번역의 관점에서 두 언어의 시제와 시상을 종합적으로 비교하여 논의한 연구는 거의 전무한 실정이다. 영어에 있어서 시간과 시제 및 시상의 관계를 체계적으로 논의한 「영어 시제·상과 시간부사구와의 상관관계」(김정오, 2004)와 「영어의 시제와 시상에 관한 의미 연구」(박지애, 2001) 등이 있으며, 한국어에 있어서 시간과 시제 및 시상의 관계를 심도 있게 논의한 「국어 선어말어미의 의미와 해석에 관한 연구: 시제, 상, 양상성을 중심으로」(이수득, 2003) 등이 있으나, 영한 번역의 측면에서 통합적인 논의가 없었다. 이러한 연구 동향 속에서, 시제와 시상에 대한 영한 번역 비등가의 원인은 주로 오역(mistranslation)이나 번역투(번역 문체, translationese)로 선행 연구들에서 제시되어온 경향이 있다. 즉, 번역을 문법적으로 틀리게 했다거나 번역문체에 문제가 있다는 지적이 주류였다. 그러나 앞의 <도표 1>에서 알 수 있듯이, 시간을 시제와 시상으로 번역하는 과정에는 오역과 번역투 이외에 그 밖의 다른 근본적인 요인이 개입되어 있다.

따라서 영한 번역에 있어서 시제와 시상의 비등가를 줄이기 위해서는, SL과 TL의 한 가지 언어에 대한 연구나 ST와 TT의 단편적인 비교만으로는 부족함이 많기 때문에, SL과 TL의 시제 및 시상과 시간 현상의 불일치와 SL과 TL의 언어적 불일치 문제 등을 전반적으로 살펴보는 접근이 필요하다.

이러한 연구의 필요성을 고려하여, 이 책에서는 등가[4]라는 용어를 사용함에 있어서 시간 현상을 기준으로 삼고, 연구 내용을 영한 번역 사례에서 검토할 수 있는 시제와 시상에 한정하여, 시간 표현과 관련된 영한

---

[4] 등가(equivalence)란 "SL과 TL의 텍스트나 작은 언어적 단위 사이에 존재하는 관계의 성질과 정도를 기술하기 위하여 많은 작가들에 의해서 사용되는 용어"(Shuttleworth, M. and Cowie, M, 1997: 49)이다.

번역에 있어서 비등가 원인과 등가 제고 방안을 탐색하는 데 목적을 두었다. 비록 번역학계에서는 등가에 대한 입장이 학자 사이에 일치하지 않을 뿐만 아니라(Baker, 1998: 77-80), 심지어 1980년대에 등가에 대한 부정적 견해가 노버트 호프만(Norbert Hofmann, 1980), 스티븐 로스(Stephen Ross, 1981),[5] 피터 뉴마크(Peter Newmark, 1981), 라이스와 페르미어(Reiss and Vermeer, 1984), 슈미트(Schmitt, 1986) 등에 의해서 지속적으로 제기되었다(Snell-Hornby, 1995: 21-22). 그러나 이 책에서 제시하고자 하는 종합적 명제는 명사·대명사·형용사 등과 같이 개별 언어와 문화의 영향을 크게 받는 여타의 품사들과는 달리, 보편적인 시간 현상을 표현하는 시제와 시상은 비등가를 줄이는 번역이 가능할 뿐만 아니라 절실하다는 것이다.[6]

위 주제를 고찰하는 데 있어서, 이 책에서는 시간이 언어화된 시간 표현에 대한 영한 번역의 비등가 문제에 초점을 맞추었고, 이 비등가 문제가 SL과 TL의 문법 체계 차이로 인하여 발생할 뿐만 아니라 SL과 TL에서 시간 현상을 언어로 포착하는 측면에서도 발생할 수 있다고 보았다. 이런 견지에서 이 책에서는 시간 표현과 관련된 영한 번역의 비등가 원인을 '영어와 한국어에서 시제와 시상의 언어구조적 차이'(2.3.1)와 '영어와

---

[5] 스티븐 로스(Stephen Ross, 1981)는 등가(equivalence)란 용어를, 의미가 매우 모호한 '유사(similarity)'란 용어로 교체해야 한다는 점을 제안하면서 호프만(Norbert Hofmann, 1980)보다 등가에 대해 더욱 부정적인 의견을 개진했다.

[6] Equivalence(등가)와 비교되는 용어로서 Correspondence(대응)가 흔히 제시되고 있다. Correspondence는 "SL과 TL 두 언어 체제(문법) 요소 사이의 형식적 및 기능적 같음(equality)에 대한 관계"를 의미하는 반면에, Equivalence는 "ST와 TT의 텍스트나 실제적 발화에 대한 언어 용례 사이의 관계"를 말한다(Williams and Chesterman, 2002: 50).

한국어에서 시제와 시상의 시간포착상 한계'(2.3.2) 측면으로 나누어 살펴
보았다.

　이 책의 접근은 번역학 연구의 전통적인 세 가지 기본 모형인 비교
모형(comparative model), 과정 모형(process model), 인과 모형(causal
model) 가운데,7 "등가 문제를 다루기에 유용한 비교 모형"에 입각하여
영어와 한국어의 시제와 시상 측면에서 시간의 표현상 차이를 분석하였
다(Williams and Chesterman, 2002: 48-57). 이와 같은 연구 주제를 고찰하
기 위해서, 우선 선행 연구를 분석하며, 그 분석된 결과를 번역 사례에서
항목별로 검토하였다. 선행 연구를 분석하는 데 있어서는, 먼저 영어의 시
제와 시상에 대한 선행 연구들을 검토하였고, 이어서 영한 번역에 있어서
시제와 시상을 논의한 선행 연구들을 살펴보았다. 또한 이 책은 시제와
시상을 TL로 번역하는 문제를 전반적으로 다루기 때문에, 기존 선행 연
구에서 비교적 소홀하게 다룬 한국어의 시제와 시상을 논의한 매우 다양
한 관점의 선행 연구와 문헌도 검토하여 그 분석 결과를 종합하였다.

　그 결과, 시제와 시상을 정의 내리는 데 있어서, 영어와 한국어의 시
제와 시상의 범주가 유사한 부분이 있지만, 세부적으로 일치하지 않는 부
분이 적지 않음을 확인하였다. 따라서 영어로 표현된 시제와 시상을 한국
어로 번역하는 문제를 다루는 이 책에서는 영어와 한국어의 시간 표현 체
제 사이의 접점을 가능한 많이 찾아내기 위해서, 영어의 시간 및 시상 범
주를 정리한 다양한 접근 가운데 비교적 포괄적 방법들을 중심으로 삼고,
시제와 시상을 다음의 <표 1>과 같이 폭넓게 설정하였다.

---

　7 번역학 연구의 세 가지 전통적인 기본모형 가운데, 비교 모형은 언어의 변환과 번역
전략의 결과를 연구하는 데 유용하고, 과정 모형은 번역의 결과보다는 과정에 주목하며,
인과 모형은 번역에 관련된 제반 현상의 원인과 결과의 관계를 밝히는 데 주목한다.

〈표 1〉 이 책에서 구분한 시간 표현의 영역

시제		현재 시제
		과거 시제
		미래 시제
시상	완료 시상	현재완료 시상
		과거완료 시상
		미래완료 시상
	진행 시상	현재진행 시상
		과거진행 시상
		미래진행 시상
	완료진행 시상	현재완료진행 시상
		과거완료진행 시상
		미래완료진행 시상

위의 <표 1>에서 볼 수 있듯이, 이 책에서는 시간 표현의 하위 영역으로서 시제를 현재, 과거, 미래의 세 가지로 구분하였고, 시제와 구분되는 것으로서 시상을 설정하여 그 하위 영역에서 완료, 진행, 완료진행으로 시상을 나누었으며, 이들 각각을 다시 영어의 12시제처럼 현재, 과거, 미래로 구분하였다.

이 같은 시제와 시상의 관계 설정은, 영어와 한국어 가운데 한 가지 언어에만 주목한 선행 연구의 구분 방식과 다르다. 그러니까 시제를 '과거'와 '비과거'로 나눈 선행 연구(Allan, 2001; 배진영, 2005)와는 확연히 다르다. 또한 <표 1>의 구분은 시제를 현재, 현재완료, 과거, 과거완료, 미래, 미래완료의 여섯 가지로 나누고 진행 용법을 이 각각에 대응시켜 12가지로 나눈 선행 연구(Allan, 2001)와는 유사한 면이 있지만, 완료를 시상으로 분류하고 시제를 현재·과거·미래 세 가지로만 한정시킨 점에서 차이가 난다. 이처럼 일부 선행 연구와 차이가 있음에도 불구하고, 이 책에서 시제를 세 가지로만 한정시킨 이유는, 한국어에서는 완료 시상이 문맥에서 표현될 뿐이며 완료 시제가 없다고 보는 견해가 많기 때문이다.[8]

따라서 이 책에서는 많은 학술적인 선행 문헌에서 지속적으로 주장되어 온 것처럼 시제와 시상을 분리하였고(백문규, 1987; 박노민, 1989; 이창학, 1995; 이기용, 1998; 김정오, 2004; 배진영, 2005; 김천학, 2007), 다양한 시간 표현 관련 학설을 포괄적으로 검토할 수 있도록 시상을 '완료', '진행', '완료진행' 세 가지 하위 영역으로 구분하였으며, 그 각각에 '현재', '과거', '미래'의 설정이 가능하다고 보았는데, 이것은 우리나라 중등학교 영문법에서 영어의 시간 표현을 학생들에게 가르치는 통상적인 영어의 시제와 시상 분류 방식이나 김정오(2004)의 분류 방식과 유사하다. 또한, 이러한 구분은 안드레아 디카푸아(Andrea DeCapua, 2008)가 최근 저서인 『교사를 위한 문법: 원어민과 비원어민을 위한 미국 영어 안내』(*Grammar for Teachers: A Guide to American English for Native and Non-Native Speakers*)에서 시제를 현재시제, 현재완료시제, 현재완료진행시제, 현재진행시제, 과거시제, 과거완료시제, 과거완료진행시제, 과거진행시제, 미래시제, 미래완료시제, 미래완료진행시제, 미래진행시제와 같이 12가지로 구분한 방식과도 유사하다.

---

[8] 시상에 대한 학계의 일치된 의견은 국내외적으로 없는 것 같다. 시상의 문법 범주가 '완료 시상'의 설정에서 출발한다고 볼 때, 영어에서 'perfective'(완료)란 용어는 러시아어 'vid'를 번역한 말로서(Olsen, 1997: 5) 발화 시점을 기준으로 동사의 완료와 비완료를 구분한 문법 용어이지만, 영어가 포함된 인도 유럽 어족(Indo-European Family)에 속하는 많은 언어들이 시제를 갖고 있지 않으며(Binnick, 1991: 8), 또한 많은 문화에서는 진행에 대한 개념화를 결핍하고 있는 경우도 있다(Comrie, 1985: 4).

다만, 이 책에서는 시제가 현재, 과거, 미래의 의미를 나타내는 데 초점을 두는 반면에, 시상은 사건의 개시, 진행, 종료, 완성, 습관, 반복 등을 나타내는 데 초점을 둔다는 앨런(Allan, 2001)의 의미론적[9] 측면에서의 논의에 주목하고자 한다. 또한 학교 문법에서 시제를 현재, 과거, 미래 세 가지로 구분해온 오랜 영어교육의 관습에 따라서(Binnick, 1991: 8), 이 세 가지 시제 이외에 완료, 진행, 완료진행을 시상으로 분류하여 논지를 전개할 것이다.

이런 견지에서 본 연구 주제를 탐색하는 데 있어서, 번역학이 상호학문간 분야(interdisciplinary field)라는 특성에 부합되게, 먼저 제 2장에서는 시간이 시제와 시상으로 언어화되는 방식을 영어와 한국어를 중심으로 전반적으로 비교해 보았다. 이어서 이 비교결과에 근거하여, 시간과 관련된 영한 번역을 할 때 일어나는 비등가 사례를 항목별로 분석하여 비등가 원인을 탐색하고, 이로부터 파악된 비등가 원인에 기초하여 제 3장에서는 시간 표현과 관련된 영한 번역 방법의 개발을 논의하고자 한다.

사실상 이 책의 핵심 내용에 해당하는 제 3장(시간 표현의 번역)에서는 번역 전략의 기본 과업인 번역 방법의 개발에 주목하여,[10] 시간 표현에 대한 영한 번역의 비등가를 줄이기 위한 '시간 번역의 기준', '시간 번역의

---

[9] 의미론(semantics)과 화용론(pragmatics)은 언어의 의미 현상을 연구 대상으로 하는 공통점 때문에, 유사한 용어로 혼용되는 경우가 간혹 있다. 그러나 엄밀히 말해서, 이 둘은 비슷한 면이 있지만 차이점 또한 크다. 의미론의 주된 초점은 언어 표현 내적인 면에 있는 반면에, 화용론의 중심은 맥락이 개입하는 의미 현상을 비교적 폭 넓게 다룬다. 따라서 이 책에서는 논의하는 문맥에 적합하게, 의미론과 화용론이라는 용어를 각각 사용하였다.

[10] "번역 전략은 '번역 방법의 개발'과 '번역 텍스트의 선택'을 기본 과제로 삼는데, 번역물을 산출하는 전략은 국내 문화 상황에 부응하여 불가피하게 출현한다."(Baker, 2005: 240).

방법', '시간 번역 의 단계'를 고찰한 후, '시간 번역의 전략 유형'을 통사론
과 화용론의 양 측면에서 제시하고, 이상의 내용을 종합하여 시간 번역을
구체적으로 예시하였다. 이 책에서 분석 대상으로 삼은 ST와 TT는 다음
과 같다.

[문학 작품]

ST1: Lee, H. 1995. *To Kill a Mockingbird.* New York: Grand Central Publishing.
TT1: 김욱동 역. 2005. 『앵무새 죽이기』. 서울: 문예출판사.

ST2: Albom, M. 1999. *Tuesdays with Morrie: An Old Man, a Young Man, and Life's Greatest Lesson.* New York: Doubleday.
TT2: 공경희 역. 2007. 『모리와 함께한 화요일』. 서울: 세종서적.

ST3: Lessing, D. 2000. *The Grass is Singing.* New York: Harper Perennial.
TT3: 이태동 역. 2008. 『풀잎은 노래한다』. 서울: 민음사.

ST4: Christie, A. 2001. *And Then There Were None.* New York: St. Martin's Paperbacks.
TT4: 김남주 역. 2006. 『그리고 아무도 없었다』, 애거서 크리스티 전집2. 서울: 황금가지.

ST5: Hawthorne, N. 2000. *The Scarlet Letter.* New York: The Modern Library.
TT5: 박경미 역. 2005. 『주홍 글씨』. 서울: 혜원출판사.

[비문학작품]

ST6: "Congratulatory Remarks by President Lee Myung-bak at the Opening of the World Knowledge Forum 2008"(2008. 10. 15, 대한민국 청와대 영문 홈페이지의 대통령 연설문)

TT6: 「제 9회 세계지식포럼 개막식 축사」(2008. 10. 15, 대한민국 청와대 홈페이지의 대통령 연설문)

ST7: 「제 4차 제주평화포럼 영문 오찬사」(2007. 6. 22, 대한민국 외교통상부 홈페이지의 장관 연설문)

TT7: 「제 4차 제주평화포럼 국문 오찬사」(2007. 6. 22, 대한민국 외교통상부 홈페이지의 장관 연설문)[11]

ST8: Rogak, L. (ed.). *Barack Obama in his Own Words*. New York: Mendel Media.
TT8: 임재서 역. 2008. 『사람의 마음을 얻는 말』. 서울: 중앙북스(주).

ST9: Canfield, J. and Hansen, M. V. 1996. *Condensed Chicken Soup for the Soul*. Deerfield Beach, Florida: Health Communications, Inc.
TT9: 곽명단 외 역. 2001. 『따뜻한 영혼을 위한 101가지 이야기』. 서울: 씨앗을 뿌리는 사람.

[기타]
김남훈 외 역. 2002. 『가이드포스트(*Guideposts*)』, 제 37권 제 1, 2호. 서울: 가이드포스트.

---

[11] ST7과 TT7은 분량 면에서 차이가 난다. '영문 오찬사(ST7)의 첫 번째 단락, 마지막 단락, 그리고 마지막에서 세 번째와 네 번째 단락, 총 4개 단락이 '국문 오찬사(TT7)에는 빠져 있다. 이로 미루어 볼 때, 영문이 먼저 작성된 것으로 보인다.

2.

시간의 언어화

　　시간 표현과 관련된 문법 범주는 언어마다 다르다. 그래서 시간에 대한 영한 번역 문제를 논하기 위해서는, 영어나 한국어의 어느 한 쪽에 치우칠 수가 없으며, 이 두 언어를 똑같은 차원에서 동시에 다룸으로써 시간 표현과 관련된 언어적 한계와 차이로부터 두 언어간 번역의 접점을 모색해야만 한다. 따라서 이 장에서는 시간 포착의 다양성과 번역학에서의 시간이 무엇인지를 살펴보았고(2.1.), 영어와 한국어에서 시간이 시제와 시상으로 언어화되는 방식을 분석하였으며(2.2.), 이에 근거하여 시간 번역의 비등가 원인을 언어구조적 차이와 시간포착상 한계 측면에서 파악하였다(2.3.).

2.1 시간 포착의 다양성

시간 표현 관련 문법 범주가 언어에 따라 다른 것처럼, 시간에 대한 이해 역시 문화권별로 또한 개인별로 일치하지 않는다. 언어학에서는 발화 시점으로서 현재(N)가 있다고 보는 것이 일반적이며, 시제와 시상을 설명함에 있어서 현재를 중시한다. 언어학적 시간은 어떤 동작이나 사건이 발화 시점을 기준으로 놓인 전후 상황에 따라서 구분된 문법 범주에서 논의되는 것이다. 발화 시점 내지 현재를 기준으로 놓고 그 전후가 구분됨으로써, 시간 구역이 설정되거나 분절적으로 나누어지게 된다.

이처럼 언어학에서는 관점에 따라서 시간 관련 문법 범주가 다양하게 구분되며, 시간 현상을 사람이 지각할 수 있는 대상으로 설명하고 있다. 이와 관련하여 「시간 표현의 인지언어학적 연구」에 의하면(길본일, 2006), 시간은 크기와 양이 사람이 지각함으로써 확인될 수 있는 인지의 대상이고, 용기처럼 내용을 담을 수 있는 대상이다. 인간이 사물을 지각하는 측면을 강조하는 인지언어학(Cognitive Linguistics)에서는 시간과 소리 등을 비롯하여 문자를 논의하는 데 있어서 인간의 지각에 중심을 두고 있다(길본일, 2006; 이기동, 2000).

구조 언어학(Structural Linguistics)에서도 시간과 공간의 최소 단위로서 기호를 정의내리고, 이를 계열적·통합적으로 분석(synchronic and diachronic analysis)한다(Matthews, 2001: 2). 이러한 관점에서, 자연과학에서 시간이 끊임없이 흐르고 있다고 보는 것과는 다르게, 문학작품을 분석한 논문에 따르면 시간은 과거나 현재에 정지되어 있기도 하고, 과거와 현재를 순환하기도 하며, 현재로부터 과거로 역행하는 경우도 있다

(Beckett, 1954; 방경태, 2003; 표현석, 2005; 양재용, 2006). 사람들은 삶을 살아나가며 언어를 사용하기 때문에, 문화에 따라서 언어는 차이가 나고 (Sorvali, 1996: 65-66), 그 결과로 시제와 시상의 문법 유형과 표현 방식 역시 언어권에 따라 달라진다.

이처럼 언어학에서 특정 언어를 공유하는 문화권을 중심으로 시간 관련 문법 범주가 설정되는 것과는 다르게, 인간 개개인을 중심으로 시간 현상과 표현을 논의하는 접근도 있다. 사람들이 의식하는 시간은 모두 동일한 것이 아니며, 사람마다 제각기 다르다는 것이다. 어떤 사람이 시간을 길게 느끼는 반면에, 다른 사람들은 시간을 짧게 느낄 수 있다. 이것은 사람들이 시간을 주관적으로 경험하고 있음을 의미한다. 이러한 대표적인 시간관으로서 현상학적 시간(phenomenological time)이 제시될 수 있는데, 이것은 인간이 의식하는 주관적인 시간을 말한다(하병학, 2000). 현상학을 하나의 독립 학문으로 정립시킨 독일의 에드문트 후설(Edmund Husserl)은 시간의 주관적 인식을 강조하는 측면에서 사람 개개인의 의식에 나타나는 체험된 시간에 주목하였다. 후설에 의하면 시간의 근거는 인간 개개인이며, 인간의 의식에 근거하여 시간은 주관적으로 성립된다. 이 현상학적 시간관에 의하면, 시간이란 좁게는 사람이 태어나서 죽음에 이르기까지 체험하는 한정된 시간만을 말한다고 볼 수 있으나, 현상학적 자기 구성을 통하여 과거, 현재, 미래를 동시에 상정함으로써 무한한 시간을 나타낼 수도 있고, 과거로 거슬러 올라갈 수도 있다.

이상의 내용을 종합해 보면, 시간을 포착하는 경험이 언어 문화권과 사람에 따라 매우 다름을 알 수 있다. 시대와 공간에 상관없이 일반적인 시간 현상에 대하여 단일 언어 문화권에서 특정 언어를 공유하는 사람들을 중심으로 통용되는 언어학적 시간이 있으며, 개개인이 주관적으로 인식하는 현상학적 시간이 제시될 수 있다. 어떤 사람이 시간의 빠름을 절실하게 느낄 때, 다른 사람은 시간이 느리다고 인식하는 경우가 있으며, 어떤 사람이 특정한 과거의 사건을 가까운 시점의 지속적인 현상으로 느낄 때, 그 사건을 같이 경험한 다른 사람은 그 과거의 사건을 아득히 먼 옛날에 이미 끝난 일로 느낄 수 있다. 특히 특정 언어에서 통용되는 시간 관련 문법 범주가 실제 시간 현상과는 차이가 날 수도 있다.

이 책에서는 시간 관련 문법 범주인 시제와 시상이 시간 현상을 특정 언어의 문화권을 배경으로 하는 언어 기호라고 보았으며, 시간 번역이란 SL의 언어 기호로 포착된 시간 현상을 TL의 언어 기호로 전환하는 것이라고 보았다.

그렇다면 ST의 시제와 시상을 TT로 번역할 때, SL의 언어 기호를 TL의 언어 기호로 전환하는 과정에서 누락된 사항들에 주목해야만 한다. 왜냐하면 시간을 포착하는 관점이 다양하다는 사실은 모든 언어의 시제와 시상이라는 언어 기호가 제한점을 지니고 있음을 나타내기 때문이다. 시간이 시제와 시상으로 완전하게 표현될 수 없는 이유는, 시간이 비(非)가시적이고 끊임없이 흐르고 있는 동적인 상태에 있는 반면에 언어로 표현된 시제와 시상이 가시적이고 정적인 점에서 찾을 수 있다.

이상의 내용을 고려하면, 시간 번역에는 SL과 TL의 언어적 차이와 시간 현상을 언어화시킬 때 일어나는 한계를 함께 고찰해야만 하는 고유한 연구 영역이 있다. 그래서 번역사에 의해서 다루어져야 하는 시간은 SL이나 TL의 어느 한 쪽에서 체계화된 시간 표현 관련 문법 범주 이상의 것이기 때문에, 시간과 관련된 영한 번역은 영어학과 국어학에서 제각기 연구된 결과를 단순하게 차용하는 것만으로 설명되기 힘든 면이 있으며, 영어와 한국어의 시간 표현 관련 문법 범주와 그 언어적 한계를 종합적으로 비교·검토하는 작업을 필요로 한다.

2.2 시간의 언어화 방식

영어 문화권이 아닌 곳에서 살아가는 한국인이 영어 동사로 표현된 시간, 시제, 시상의 상호 관계와 의미를 정확히 파악하는 것은 쉽지 않은 일이다. 왜냐하면 시제와 시상에 대한 문법 범주는 모든 언어에서 동일한 기능을 하지 않으며(곽은주 외 역, 2005: 144), 모든 사회에서 일반적으로 통용되는 것이 아니기 때문이다. 이와 관련하여, 『시제』(*Tense*, 1985)와 『시상』(*Aspect*, 1976)을 각각 저술한 컴리는 시제와 시상은 시간과 관련이 있지만, 각각 다른 방식으로 시간과 연관된다고 보았다. 이러한 시제와 시상에 대한 견해를 앞에서 살펴본 시간 포착의 다양성에 비춰보면, 말이나 문장의 어떤 기준 시점을 중심으로 시간 현상을 언어로 포착함으로써 현재, 과거, 미래가 이론적으로 정해지는 것이며, 이렇게 포착된 시간의 다양한 모습이나 상황이 시상으로 표현되는 것이다.

따라서 시간 표현에 대한 영한 번역의 비등가 원인과 등가 제고 방안을 파악하기 위해서는, 영어와 한국어에서 시간이 시제와 시상으로 언어화된 방식을 비교하는 작업이 필요하다. 알-사파디(Salah al-Din al-Safadi)가 그리스어와 아랍어를 비교하여 직역의 한계를 지적한 것처럼, 번역시 완전한 '어휘의 일 대 일 등가'와 '문장 구조의 일치'는 불가능하기 때문이다(Hatim and Mason, 1990: 5).[12]

2.2.1 영어에서 시간의 언어화 방식

영어에서 시간을 언어로 표현한 시제와 시상에 대한 학설들은 매우 다양하다. 그러나 통사론 측면에서 보면, 시간은 V(verb, 동사)와 VP(verb phrase, 동사구: 문장에서 '동사+목적어'와 같은 동사 이후의 문장 요소 전체) 및 이와 관련된 Ī/I'(I-bar, 진행과 완료에서 be동사와 have동사 이후의 문장 요소 전체: are trying ~, has gone ~), IP(① to 부정사 구; ② 완전한 조동사구), 그리고 I/INFL(어형변화/굴절: '조동사', to 부정사의 'to', 진행과 완료에서 be 동사와 have 동사)에 한정된 사항이다.

그 밖의 언어 단위인 N(명사), P(preposition, 전치사), A(adjective, 형용사), ADV(adverb, 부사), D/DET(determiner, 한정사: 'a, the, this, that, all, my와 her 등 소유격'과 '대명사'), C/COMP(complementizer, 보충해주는 요소(접속사): that, if, for, because 등), CP(complementizer phrase, C/COMP가 이끄는 문장 요소 전체), Di(재귀대명사인 D/DET: himself, myself 등), DPi(DP 가운데 Di를 가진 구), AP(adjectival phrase, 형용사구)는 시간과 직접 관련이 있는 요소는 아니다. 이것은 어휘 단위(lexical level)에서도 마찬가지이다.

이러한 관점에서, 언어의 의미 현상을 언어 표현 내적인 측면을 중심으로 탐구하는 의미론에서는, 동사를 중심으로 시간(time)-시제(tense)-실재(reality)의 관계를 다음의 <표 2>와 같이 구분하여 설명하고 있다.

---

[12] 직역(축어 번역, 축어역)의 한계를 언급한 사례로서 14세기 번역사 알-사파디(Salah al-Din al-Safadi)가 제시된다(Hatim and Mason, 1990: 5). 그는 이전 세대의 아랍 번역가들을 다음과 같은 두 가지 점에서 비판하였다. "첫째, 모든 어휘 항목의 일 대 일 등가를 가정하는 것은 잘못된 것이다." "둘째, 한 언어의 문장 구조는 다른 언어의 문장 구조와 일치하지 않는다."

〈표 2〉 시간, 시제, 실재의 관계

past (과거)	nonpast (비과거)	
P (과거)	N (현재)	F (미래)
realis (실재)	irrealis (비실재)	

출처: (Allan, 2001: 354)

위의 <표 2>와 같은 의미론에서의 구분에 의하면, 시제는 현재, 과거, 미래 세 가지로 우선 구분되는데, 과거와 현재 시제의 공통점은 실재(realis) 하는 점에 있으며, 이에 비하여 미래 시제의 특징은 비실재(irrealis)에서 찾을 수 있다.

이에 근거하여 의미론에서는 시제와 시상을 구분하는데, 시제를 P(past), N(now, present), F(future)와 같이 부호화한다. 또한 t_d(화자 기준의 중심, 지시 중심, deictic centre), t_0(발화 순간, 이것은 t_d와 동시에 일어난다), $t_{d=0}$(발화 순간, 이 기호는 발화의 시작부터 끝나는 순간을 포함한다)와 같은 부호를 사용하여 다음 표와 같이 시제를 공식화한다(Allan, 2001: 343-79).

〈표 3〉 영어 시제의 의미론 요약

과거완료 (pluperfect)	과거 (past)	현재완료 (present perfect)	현재 (present)	미래 (future)	미래완료 (future perfect)
$P_d[P]$ $P_d < t_0$	P $P < t_{d=0}$	$N_d[P]$ $N_d \supset t_0$	N $N \supset t_{d=0}$	F $F > t_{d=0}$	$F_d[P]$ $F_d > t_0$

* 이 표에서, 't_0'는 '발화(utterance) 시점'을 나타내고, 't_d'·'P_d'·'N_d'·'F_d'에서의 'd'는 지시(deictic)하는 내용을 나타내며, '$t_{d=0}$'는 발화 시점에서 지시하는 내용이 발화와 같은 시간에 일어나는 경우를 나타낸다. 출처: (Allan, 2001: 357)

위의 <표 3>에 따르면, 현재를 나타내는 공식인 'N⊃$t_{d=0}$'는 현재로 쓰인 문장이 발화 시간을 포함하고 있으며, 발화의 시작과 끝나는 순간을 모두 포함하여 발화 시점에서 지시하는 내용이 N에 포함되어 있는 상황을 나타낸다. 그리고 과거를 나타내는 공식인 'P < $t_{d=0}$'는 발화의 시작과 끝나는 순간을 모두 포함하여 발화 시점에서 지시하는 내용이 발화보다 먼저 일어난 상황을 나타내며, 미래를 나타내는 공식인 'F > $t_{d=0}$'는 발화의 시작과 끝 순간을 모두 포함하여 발화 시점에서 지시하는 내용이 발화 다음에 일어나게 되는 상황을 나타낸다.

한편, 현재완료를 나타내는 공식인 'N_d⊃t_0'와 'N_d[P]'는 발화 시점이 N의 지시 내용에 포함되어 있는 경우로서(N_d⊃t_0), N이 지시하고 있는 내용에 과거가 포함되어 있는 상황을 나타낸다(N_d[P]). 그리고 과거완료를 나타내는 공식인 'P_d < t_0'과 'P_d[P]'는 발화 시점보다 과거의 지시 내용이 앞서 일어난 경우로서(P_d < t_0), P에 지시하고 있는 내용에 이보다 앞선 과거가 포함되어 있는 상황을 나타낸다(P_d[P]). 그리고 미래완료를 나타내는 공식인 'F_d > t_0'과 'F_d[P]'는 발화 시점보다 미래의 지시 내용이 나중에 일어나게 될 경우로서(F_d > t_0), F에 지시하게 될 내용 속에 그보다 이전의 미래 내용이 포함되어 있는 상황을 나타낸다(F_d[P]).

위의 <표 3>에 따르면, 영어의 시제는 과거완료, 과거, 현재완료, 현재, 미래, 미래완료의 순서로 시간을 나누는 접근이며, 이들을 구분하는 데 있어서 발화 시점('t_0' 혹은 '$t_{d=0}$')이 기준이 되고 있음을 알 수 있다. 이런 견지에서, 앨런(Allan, 2001: 354)은 현재에 대한 정의에서 "현재 시제(N)는 발화 시간('t_0')에 상황이 일어나고 있는 것"을 의미한다고 정의 내리며, 이를 Nφ⊃$t_{d=0}$ 로서 공식화하였는데(φ와 ψ는 어떤 특정 문장을 의미하는 부호임), 이것은 다음 예문에서 확인이 가능하다.

- "Thanks."란 발화의 바로 그 순간에 감사함을 표현하는 문장이며, 이
  를 식으로 나타내면 "X[N[Thanks]]"와 같다.
  (이 공식에서 X는 표현문(EXPRESSIVE)의 약자이고,
  N은 현재(Now)의 약자이다.)
- "Stop thief!"는 발화 순간에 행동에 대한 요구(명령)를 나타내며, 이를
  식으로 나타내면 "![N[Thief, you stop]]"과 같다.

■참고: (Allan, 2001: 354)

마찬가지로, 과거에 대한 정의에서도 발화 시점을 중심으로 과거 시
제를 설명하고 있다(Allan, 2001: 355). 즉, 과거 시제(P)는 "이미 말한 일
의 결과나 상태가 발화 이전에 일어났고 발화 시간에는 일어나지 않는
다."라고 정의 내리며, 이를 $P\phi < t_{d=0}$로서 공식화하였는데(ϕ와 ψ는 어떤
특정 문장을 의미하는 부호임), 이것은 다음과 같은 예문에서 확인이 가
능하다.

- "George Barton raised his glass of champagne. They drank. Then he
  slumped down in his chair."
  (이 예문에서 과거 시제로 쓰인 raised, drank, slumped down은 모두 발
  화 이전에 일어났고, 발화 시간에는 일어나지 않는 결과나 상태를 나
  타낸다.)

■참고: (Allan, 2001: 354)

한편, 미래에 대한 정의에서도 '발화 시점'을 중심으로 미래 시제를

설명하고 있다(Allan, 2001: 357). 즉, 미래 시제(F)는 "발화 시점에 이미 말한 사건이나 일의 상태가 아직 발생하지 않은 것"이라고 정의 내리며, 이를 $F\phi > t_{d=0}$로서 공식화하였다. 이와 마찬가지로, 과거완료·현재완료·미래완료도 발화 시점을 중심으로 정의를 내리고 있음이 공통적이며, 또한 이들 시제와 구분되는 시상 개념을 설정하고 있다.

그러나 영어의 시제와 시상의 관계와 그 구분 방식에 있어서 다양한 주장이 있으며, 학설 사이에 통일을 보지 못하고 있다. 현재, 과거, 미래 3가지로 구분한 관점(Comrie) 이외에, 현재와 과거 2가지로 구분한 관점이 있으며(Quirk et al.), 현재, 과거, 미래, 현재완료, 과거완료, 미래완료 6가지로 나눈 관점이 있고(Allan, Curme), 7가지로 보는 접근(Jespersen)이나 9가지로 보는 관점(Reichenbach)도 있다. 심지어 영어 시간 표현에 있어서 시상에 대한 언급 없이 시제와 서법(modal)[13]으로써 모든 시간 표현을 설명하거나(Lester, 2008), 우리나라 중등학교 영문법에서 통용되는 것처럼 시상을 시제에 포함시켜 시제를 12가지로 구분한 방식도 있다(DeCapua, 2008).

이처럼 영어의 시간 표현에 대한 다양한 주장이 제기된 상태에서, 영어의 시제와 시상을 체계적으로 분석한 국내 선행 논문에서도 시제에 미래의 설정 여부와 시상에서 완료진행의 포함 여부에 대하여 일치하지 않는 시간관이 논증되어 왔는데, 이를 예시하면 다음의 <표 4>와 같다.

---

[13] 서법이란 말이나 문장 내용에 대한 '화자의 심리 상태'를 나타내는 문법 범주 내지 동사의 어형 변화를 가리킨다. 영어에서는 직설법, 명령법, 가정법 등이 대표적인 서법인 반면에, 한국어에서는 평서법, 의문법, 감탄법, 명령법, 청유법 등이 대표적이기에, 서법의 유형에 있어서 영어와 한국어는 일치하지 않는다.

〈표 4〉 영어 시간 범주 관련 선행 연구 결과의 비교

논문 제목	영어의 시제와 상에 관한 의미 연구	영어 시제·상과 시간부사구와의 상관관계
연도	2001년도 박사학위논문	2004년도 박사학위논문
시제와 시상 관련 주요 내용	시제의 분류: 현재, 과거 시상의 유형 1. 진행 시상 2. 완료 시상 시상의 분류 1. 전부(시)상[1] 2. 부분(시)상[2] 〈기타〉 전통문법에서 진행 시상의 의미 1. 지속성 2. 일시성과 미완료	시제의 분류: 현재, 과거, 미래 시상의 유형 1. 문법적 시상: 진행, 완료 2. 의미적 시상: 지속, 반복, 순간 등 시상의 분류 1. 완료 시상 2. 진행 시상 3. 완료진행 시상 〈기타〉 동사의 시간표현과 시간부사의 충돌 1. 진행 시상과 시간부사의 관계 2. 완료 시상과 시간부사의 관계
차이점	1. 시제에 미래 불포함 2. 시상에 완료진행 영역 미설정	1. 시제에 미래 포함 2. 시상에 완료진행 영역 설정
공통점	1. 시제 파악에 있어서 현재를 상정 2. 시간에 구역을 설정하여 나누어 파악 3. 시제와 시상은 '단어' 수준에서 논의되는 사항이며, '단어'의 변화와 결합으로써 표현	

1) 전부(시)상은 화자가 어느 사건이 실현됨을 완전히 보는 것을 의미(He *flew* to London.)
2) 부분(시)상은 화자가 어느 사건의 부분만 부각시킴을 의미(I *was coughing* all night.)

위와 같은 선행 연구들 사이의 차이가 있지만, 영어의 시제와 시상에 있어서 다음과 같은 공통점을 발견할 수 있다.

첫째, 영어의 시제에서는 현재를 상정하고 있음이 공통적이며,

둘째, 시간에 구역을 설정하여 나누어 파악하는 경향이 있고,

셋째, 시제와 시상은 단어 수준에서 논의되는 사항이며, 단어의 변화나 결합에 의해 표현된다는 공통점이 있다.

한편, 영어 시제와 시상 구분의 불분명함을 지적한 선행 논문에서는 영어의 동사 표현이 행동이나 사건이 발생한 시간을 정밀하게 표시하는데 한계가 있기 때문에, 부사적 요소(시간부사, 시간부사구, 시간부사절)의 수식을 받아야 시간을 정확히 나타낼 수 있음이 논의되어 있다(김정오, 2004: 27-29).

예를 들면, "John has always loved his wife, and he still loves her."라는 영어 문장에서 "he still loves her."는 현재의 상태를 나타내기 때문에, "John has always loved his wife."에서 현재완료로 쓰인 'has always loved'는 현재를 포함하지 않는다고 보아야 논리적으로 맞는 문장이 된다는 논의이다. 'has always loved'가 현재를 포함하는 것으로 보면, 이 영어 문장은 논리적으로 모순이 있다고 볼 수 있거나(김정오, 2004: 28), 굳이 필요 없는 말을 반복해서 말했다고 볼 수밖에 없다는 것이다. 이와 같은 영어의 시제와 시상 구분의 불분명함이 영한 번역에서 일일이 검토될 필요가 있다.

2.2.2 한국어에서 시간의 언어화 방식

영어는 문장의 동사를 변형시키거나 여러 단어를 결합시켜서 시제와 시상을 나타내지만, 조립어(교착어)인 한국어는 어간(stem, 단어에서 변화하지 않는 부분)14에 붙는 어미와 조사를 활용시켜서 문장에서 단어의 의

---

14 어휘적 의미를 지니고 있으나 홀로 문장 속에 쓰일 수 없는 요소를 어근(radical)이

미와 기능을 매우 다양하게 바꾼다.

　형태론적 측면에서 "국어 품사 체계 내에서 동사만을 특징지을 수 있는, 여타 품사와 구별하여 엄격히 동사만을 정의하고 한정할 수 있는 언어적 속성은 한국어 동사가 보여 주는 굴절 형태론적 특성이다"(홍재성, 2002: 130). 다시 말해서, 한국어에서는 어간에 이어지는 어미와 조사의 기능이 섬세하게 발달되어 있다.

　한국어에서 어간에 이어지는 어미와 조사는 외형적으로는 비슷하게 보이지만, 기능면에서는 다르다. 한국어의 단어를 크게 용언(동사와 형용사)과 체언(명사, 대명사, 수사)으로 나눌 때, 어미는 용언에 붙고, 조사는 체언에 붙는다. 정확히 말해서, 어미는 용언과 서술격에 붙여 쓰고, 조사는 격 조사, 접속 조사, 보조사처럼 체언이나 부사 혹은 다른 어미에 붙여 써서 단어의 문법적 기능을 표시하거나 뜻을 구체적으로 나타낸다. 이와 같은 한국어의 시간 표현 방식과 관련하여, 선행 논문에서는 '동사의 시간 범주 어미'와 '관형절의 시간 범주 어미'가 한국어의 시제와 시상을 나타내는 데 있어서 매우 중요한 기능을 한다고 논증되었는데, 이를 요약하여 비교하면 다음의 <표 5>와 같다.

라고 할 때, 한국어 동사의 어간은 어근의 성격을 지니고 있다.

〈표 5〉 한국어 시간 범주 관련 선행 연구 결과의 비교

논문 제목	국어 선어말어미의 의미와 해석에 관한 연 구: 시제, 상, 양상성을 중심으로	국어 관형절 어미에 관한 연구: 시간 관련 의미를 중심으로
연도	2003년도 박사학위논문	2005년도 박사학위논문
시제와 시상 관련 주요 내용	선어말어미의 의미 1. '-었-' · 기본 의미 (시제: 과거) · 파생 의미 (시상, 양상) 2. '-느-' · 기본 의미 (시제: 현재나 미래) · 파생 의미 (시상, 양상) 3. '-겠-' · 기본 의미 (양상) · 파생 의미 (시제: 미래와 과거) 4. '-더-' · 기본 의미 (시제: 과거) · 파생 의미 (양상) 선어말어미들의 결합 관계에 따른 의미 해석이 필요하고, 선어말어미들간에 결합의 제약이 있음	시제 범주의 어미: -었- 서법 범주의 어미: -더-, -느- 양태 범주의 어미: -겠- 일차적 관형절 어미: -은, -을 (양태 범주의 어미) 이차적 관형절 어미: -는, -던 (서법 범주의 어미) 관형절의 시제는 상황시와 발화시를 함께 고려하여 해석됨 1. '-은'이나 '-던'이 결합되면, 과거와 관 련된 상황을 나타냄 2. '-을'이 결합되면, 미래와 관련된 상황 을 나타냄 3. '-는'이 결합되면, 현재와 관련된 상황 을 나타냄
차이점	동사의 시간 범주 어미에 주목	관형절의 시간 범주 어미에 주목
공통점	1. 시제 파악에 있어서 현재를 상정 2. 시간에 구역을 설정하여 나누어 파악 3. 시제와 시상은 어미의 선택/결합에 관련된 사항이며, 분리된 범주가 아님	

위의 표에서 볼 수 있듯이 선행 연구의 결과는 차이가 나지만, 한국어의 시제와 시상에 있어서 다음과 같은 공통점을 찾아볼 수 있다.

첫째, 현재를 상정하고 있으며,[15]

---

[15] 영어에서는 동사의 기본형이 현재 시제를 나타내는 반면에, 한국어에서는 동사의

둘째, 시간에 구역을 설정하여 나누어 파악하는 경향이 있고,

셋째, 시제와 시상이 어미의 선택과 결합에 관련된 사항이며 분리된 범주가 아니라고 보는 점이다.

예를 들면, '어간과 '단어 끝의 어미' 사이에 쓰이는 선어말(先語末) 어미인 '-겠-'과 '-셨-'은 '하-겠-다' '하-셨-다와 같이 각각 미래와 존칭의 의미를 나타낸다. 여기서 '하-셨-다'의 '셨'은 존칭의 '-시-'와 과거의 '-었-'이 결합된 어미로서, 존칭과 과거를 동시에 나타내는 어미이다.

이와 같이, 한국어에서는 선어말 어미 '-었-'이 과거를 나타내고('먹-었-다), '-는-'은 현재를 나타내며('먹-는-다), '-겠-'이 미래를 나타낸다('먹-겠-다)고 보는 경향이 있다.

그러나 <표 5>에서처럼 한국어의 시제와 시상을 논의한 선행 논문들을 살펴보면, 한국어에서 어미는 시제만 나타내는 것이 아니라 양태(modality)와 서법(mood/modal: 심리 상태를 나타내는 문법 범주) 등도 나타내고 있으며(김천학, 2007; 이수득, 2003), 심지어 관형절의 어미도 시제를 비롯하여 양태와 서법 등을 나타내고 있음에 주목할 필요가 있다(배진영, 2005).

한국어의 시제와 시상을 논의한 선행 논문들을 종합해보면, 한국어에서 시간의 언어화 방식은 영어보다 훨씬 복잡함을 알 수 있다. 왜냐하면 한국어에서는 어미에 '시제'와 '시상' 이외에 '존칭'과 화자의 심리 상태인 '양태'까지 포함되어 있고, 간혹 하나의 어미가 시제, 시상, 존칭, 양태를 복합적으로 나타내는 경우도 있기 때문이다. 더욱이 <표 5>에서 알 수

기본형이 일상적인 언어활동에서 거의 사용되지 않는다. 한국어에서는 동사의 어간에 시제/시상 선어말어미를 붙여서 시간 현상을 표현하는데, 현재 시제를 나타내는 선어말 어미로는 '-는-', '-느-', '-ㄴ-' 등이 있다.

있듯이, 한국어의 시제와 시상에 대한 연구의 초점과 분석 결과는 영어에서보다 차이가 크게 난다.

필자가 선행 연구(이수득, 2003; 김상태, 2005; 문숙영, 2005; 배진영, 2005; 길본일, 2006; 김천학, 2007)를 종합적으로 검토한 결과에 의하면, 한국어 학계에서는 시제와 시상에 대하여 영어보다 다양한 학설이 제기되고 있으나, 시제와 시상 어미들을 연결시켜 사용하기 때문에 시상을 시제에 포함시켜 논의하는 접근이 보통이고, 특히 완료 시상이 없다고 보는 견해가 적지 않다. 한국어의 문장 요소와 문법에 독립된 영역으로서 시상이 있다는 주장이 있을지라도, 한국어에서는 영어에서처럼 시상이 시제로부터 독립된 문법 요소와 영역을 확립하고 있지는 못하며, 그 용법은 주로 시제 어미의 활용이나 시간부사의 사용에 의존하고 있다.

한편, "그 학생은 분명히 수업 시간에 모자를 벗었었다."와 같이 '-었-'이 두 개 겹쳐 쓰일 때, 영어의 과거완료 식으로 '-었었-'을 대과거 어미로 해석하는 소수 의견이 있지만(문숙영, 2005: 113), 한국어와 영어의 시제와 시상의 구분이 일치하지 않는다는 의견이 지배적이다.[16] 이처럼 시제와 시상의 범주가 분리되지 못한 한국어에서는 선어말어미 '-었-'의 기본 의미가 과거 시제이고 완료 시상은 파생 의미로 보며(이수득, 2003: 7), '-었-'이 시제와 시상을 동시에 나타내기 때문에 완료 시상을 표기에서 강조하는 것을 아예 틀린 어법으로 간주하는 경향이 있다. 이러한 이유에서 '살았었다'보다는 '살았다'를, '했었다'나 '하였었다'보다는 '했다'나 '하였다'를, '먹었었다'보다는 '먹었다'를 바른 표현으로 보는 것이 다수 의견이며,

---

[16] 한국어에서 '-었었-'을 겹쳐서 쓸 경우에, 처음의 '-었-'은 상황과 인식의 과거를 나타내는 선어말어미이고, 두 번째의 '-었-'은 시상을 나타내는 것이 아니라 확신의 양상을 나타내는 선어말어미이다(이수득, 2003: 8).

한국어와 영어의 시제가 일치하지 않는다는 점에 있어선 대체로 의견이 공통적이다.

그렇다고 해서, 한국어에 영어와 같은 시제와 시상이 없는 것은 아니다. 한국어에서는 영어처럼 서술부의 동사(구)를 변형시키는 대신에, '계속', '내내', '잠시' 등과 같은 다양한 시간부사를 간단히 추가하여 시제와 시상을 섬세하게 표현하고 있다. 또한 한국어에서는 시상 형태소(다른 말에 기대어 쓰이는 언어 요소, 즉 접사[17], 조사, 어미)와 동사만으로는 문장의 시간적 의미가 항상 명백하게 드러나지 않는 한계가 있기에, 시간부사의 기능이 중요하게 강조되고 있다. <표 5>에서 볼 수 있듯이, 시간 표현 어미는 시제를 나타내는 동시에 양태와 서법 등도 나타내는 것이 특징적이다.

위와 같은 영어와 한국어의 시간 표현 방식의 차이를 고려할 때, 시간과 관련된 영한 번역의 등가를 높이는 방향을 논의하기 위해서는, 영어와 한국어의 시간 표현 방법을 전체적으로 비교하는 작업이 필요하다. 왜냐하면 시제는 시간을 나타내는 언어의 표현 방식이기에, 시제와 시상이 바로 시간은 아니기 때문이다. 시제와 시상은 특정 언어권에서 통용되는 시간 표현 방식이라고 볼 수 있다. 시제는 특정 언어 문화 속에서, 말하는 시점을 표현하는 방식이며, 시상은 시제가 표현하는 시점에 근거하여 표현하고자 하는 시간의 양태를 표현하는 방식이라고 볼 수 있다.

실제로 시간 현상과 한국어와 영어의 시제와 시상 사이에는 삼자 사이에 완전한 대응 관계가 없다. 한국어에는 영어와 다른 나름대로 고유한

---

[17] 한국어에서 접사(接辭)란 단독으로 쓰이지 않고 항상 다른 어근이나 단어에 붙어 새로운 단어를 구성하는 부분, 즉 접두사와 접미사를 말한다(국립국어원의 『표준국어대사전』).

시간 표현상 특징이 있다. 한국어에서는 현재와 미래에 대한 어미 구분이 분명하지 않으며, 완료 시상 역시 불명확한 것이 특징이다. 그 대신에 한국어에는 시간 부사의 기능이 잘 발달되어 있다. 한국어에서는 부사를 사용하여 현재, 과거, 미래의 시제, 완료 시상, 진행 시상, 반복 시상을 표현할 수 있다(김상태, 2005). 더욱이, 한국어에서 "술어/서술어 기능은 동사만의 특성이 아니라" 형용사 등의 부류와 공유하는 속성이다(홍재성, 2002: 129-30). 따라서 시간 표현과 관련된 영한 번역의 비등가를 개선하는 방안을 탐색하기 위해서는, 영어와 한국어에서 시간이 언어화되는 방식을 비교해볼 필요가 있다.

2.2.3 영어와 한국어에서 시간의 언어화 방식 비교

이상에서 살펴본 바에 의하면, 영어의 시간 표현이 한국어에 비하여 더 구체적이고 체계적이라고 볼 수 있다. 특히 영어에서 시상이란 시제와 연관되어 동사(구)를 중심으로 체계적으로 논의되는 사항이며, 주로 완료 시상(have + 동사의 p.p.)과 진행 시상(be + 동사ing)을 중심으로 체계를 잘 갖추고 있다. 그러나 한국어에서는 시제와 시상이 동사 이외에 형용사[관형사], 부사, 명사 등에서도 표현될 수 있으며, 시제와 시상을 나타내는 어미와 조사가 매우 다양한 점이 특징적이다. 심지어 한국어에서는 완료 시상을 틀린 어법으로 간주하는 경향이 있고, 시제도 영어와 다르게 현재, 과거, 대과거, 미래 네 가지로 나누는 관점이 인정받고 있다. 이와 같은 영어와 한국어 시간 표현 방식의 공통점과 차이점을 정리하면 다음의 <표 6>과 같다.

구체적으로 말해서, 영어와 한국어는 시간 표현 방식에 있어서 큰 차이가 있으며, 지속적으로 흐르고 있는 시간 현상과 일치하지 않는 공통점을 지니고 있다. 동사의 활용 측면에서, 영어에는 '원형', '3인칭 단수 현재형 -s', '과거 시제형 -ed', '과거분사형 -en', '진행형/동명사형 -ing'과 같이 다섯 가지 형태가 있지만, 한국어에서는 동사의 활용 양상이 매우 복잡하여 하나의 동사가 취할 수 있는 활용 형태의 수가 수 천 개에 이를 수 있다(홍재성, 2002: 130). 이와 같이 영어에서는 동사를 변화시키거나 추가하여 시제와 시상을 동사(구)에서 함께 나타내지만, 한국어에서는 동사나 관형사의 어미를 각각 바꾸거나 시간부사를 추가하여 각각의 어미에서 미세한 시제와 시상을 간단하게 나타낸다. 이처럼 한국어에서는 어미변화가 잘 발달되어 있고, 또한 시간부사를 사용하여 시간을 표현하는 말과 글쓰기가 발달되어 있다.

그러나 시간 포착 측면에서, 영어와 한국어에서 논의되는 시제와 시상이란 시간을 표현하는 언어 기호이기 때문에 지속적으로 흐르고 있는 보편적인 시간 현상과는 다르다. 영어와 한국어에서는 지속적으로 흐르는 시간에 현재를 설정하여 시제와 시상을 파악하는 데 있어서 중요한 기준으로 삼고 있으며, 동적인 시간에 구역을 설정하여 시제와 시상을 정적으로 파악하고 있다.

이밖에도 진행 시상에서 시작 시점과 지속 기간이 모호하며, 현재완료 시상에서도 현재와 과거의 관계가 모호하다. 이러한 모호함은 영어와 한국어에서 논의되는 시간이 발화 시점을 기준으로 논의가 출발하기 때문에 나타나는 한계로 이해할 수 있다.

〈표 6〉 영어와 한국어 시간 표현 방식의 공통점과 차이점

구 분			영 어	한국어
영어와 한국어 시간 표현의 차이점	구조	시간의 언어화 단위	동사와 법조동사(modal)[1]	1. 어미: - 동사의 어미 - 관형사절, 명사절, 부사절의 어미 2. 시간부사
		시간의 언어화 방법	1. 동사 변화와 추가 2. 외적인 시제일치 3. 법조동사(modal)를 동사와 분리하여 사용 4. 완료 시상이 명확	1. 어미 변화 2. 심층적인 시제일치 3. 법(modal) 기능의 어미를 단어 속에 사용 4. 완료 시상이 불명확
	기능	시간의 언어화 단위에 중복되는 기능	수(단수와 복수), 인칭, 양태, 서법 존대는 법조동사에 일부 있음	동사의 어미: 존칭과 비칭, 양태, 서법 관형절, 명사절, 부사절의 어미: 존대, 겸양, 양태, 서법
		시간 부사의 기능	보조 기능: 시간을 나타내는 보조 기능	대체 기능: 시간 어미의 대체 기능[2]
영어와 한국어 시간 표현의 공통점			지속적으로 흐르는 시간에 현재를 설정하여 중시 흐르는 시간에 구역을 설정하여 시제와 시상을 파악 진행 시상에서 시작 시점과 지속 기간의 모호함 현재완료 시상에서 현재와 과거 관계의 모호함	

1) 영어에서 modal은 시상을 나타내며, 미래 시제를 나타내는 'will'과 같은 동사는 법조동사(modal auxiliary verb)로 분류되고 있음(Binnick, 1991: 8; Allan, 2001: 343-379)
2) 한국어에서 시간부사의 시간 어미 대체 기능과 관련하여, '3.4.1.' 소절과 '부록표' 참조

2.3 시간 번역의 비등가 원인

등가에 기초를 두고 있는 번역 이론 지지자들은 대개 등가를 "목표 텍스트가 원천 텍스트의 번역으로 여겨지도록 하는 원천 텍스트와 목표 텍스트의 관계"로 정의한다(Baker, 1998: 7). 시간 표현에 대한 영한 번역

의 등가와 관련하여, 이 절에서는 두 텍스트 간에 차이가 발생하는 원인을 '영어와 한국어에서 시제와 시상의 언어구조적 차이'(2.3.1)와 '영어와 한국어에서 시제와 시상의 시간포착상 한계'(2.3.2)로 나누어 살펴보았다.

2.3.1 언어구조적 차이

영어와 한국어에서 시간의 언어화 방법은 매우 다르다. 앞 장의 <표 6>에서 살펴본 것처럼, 시간을 표현하는 언어 단위가 영어에서는 단어인데 비해, 한국어에서는 어미라는 차이가 있다. 뿐만 아니라, 시제와 시상을 나타내기 위하여 단어와 어미를 결합시키는 '연결 순서', '결합 요소', '표현 방식'에 있어서도 다음과 같이 차이가 크게 난다.

[1] 연결 순서 차이

비록 영어에서 완료와 진행 시상에 대한 견해가 통일되어 있지 못하고, 또 완료와 진행이 시제와 시상 가운데 어느 범주에 속하느냐에 대해서도 학자들이 의견의 일치를 보지 못하고 있을지라도, 영어에서 시제와 시상은 문장 안에서 동사를 중심으로 단어들이 변화되거나 연결되어 만들어내는 문법 현상이라는 점에는 이견의 여지가 없다.

따라서 이 책에서는 제 1장에서 설명하였듯이, 영어와 한국어 시간 표현의 접점을 가능한 많이 찾기 위해서 영어의 시제와 시상을 동사를 중심으로 총 12가지로 세분하였다. 즉, 시제를 '현재', '과거', '미래' 세 가지로 구분하고, 시상을 '완료', '진행', '완료진행' 세 가지 하위 영역으로 구분하였으며, 또한 '완료', '진행', '완료진행'은 각각 '현재', '과거', '미래' 시제와 연관되어 사용되는 것으로 보았다. 이 책에서 분류한 영어의 시제와 시상을 예시해 보면 다음과 같다.

〈구분〉		〈예문〉
시제	현재	I write a letter.
	과거	I wrote a letter.
	미래	I will write a letter.
완료시상	현재완료	I have written a letter.
	과거완료	I had written a letter
	미래완료	I will have written a letter.
진행시상	현재진행	I am writing a letter.
	과거진행	I was writing a letter
	미래진행	I will be writing a letter.
완료진행	현재완료진행	I have been writing a letter.
	과거완료진행	I had been writing a letter.
	미래완료진행	I will have been writing a letter.

이와 같이 12가지로 구분된 시간 표현의 용례를 살펴보면, 영어 시제와 시상 표현에 있어서 다음과 같은 몇 가지 특징을 발견할 수 있다.

첫째, 시제는 동사(구)의 첫 번째 단어에 의해서 표시된다.

둘째, 동사가 두 단어 이상으로 쓰일 경우에 동사의 본래 의미는 맨 끝의 단어(head)가 나타낸다.

셋째, 동사가 두 단어 이상으로 쓰일 경우에 '법조동사' 내지 '시제', '완료 시상', '진행 시상'이 연결되는 일정한 순서가 확인된다. 특히, 동사에 단어를 추가시켜 시제와 시상의 기능을 확장시킬 때, 동사의 본래 의미를 간직한 단어(head)의 앞 쪽으로 '태', '진행 시상', '완료 시상', '시제' 내지 '법조동사'의 순서로 연결되기 때문에, 영어 동사구의 통사론과 의미론 측면의 기능은 양 끝의 'head'와 '법조동사 내지 시제'가 결정될 때 확정된다. 이러한 시간 표현 단어의 연결은 다음의 <표 7>과 같이 정리될 수 있다.

<표 7> 영어의 동사구에서 시간 표현 단어의 연결 위치

구분		동사구에서 단어의 연결 순서					태	시제와 시상
		순서5	순서4	순서3	순서2	순서1(head)		
용례	현재	-	-	-	can	write	능동	시제
	과거	-	-	-	-	wrote	능동	
	미래	will	-	-	-	write	능동	
	현재	-	-	is	-	written	수동	
	과거	-	-	was	-	written	수동	
	미래	will	-	be	-	written	수동	
	현재완료	-	has	-	-	written	능동	완료
	과거완료	-	had	-	-	written	능동	
	미래완료	will	have	-	-	written	능동	
	현재완료	-	has	been	-	written	수동	
	과거완료	-	had	been	-	written	수동	
	미래완료	will	have	been	-	written	수동	
	현재진행	-	-	-	is	writing	능동	진행 (시상)
	과거진행	-	-	-	was	writing	능동	
	미래진행	will	-	-	be	writing	능동	
	현재진행	-	-	is	being	written	수동	
	과거진행	-	-	was	being	written	수동	
	미래진행	will	-	be	being	written	수동	
	현재완료진행	-	has	been	-	writing	능동	완료진행
	과거완료진행	-	had	been	-	writing	능동	
	미래완료진행	will	have	been	-	writing	능동	
	현재완료진행	-	has	been	being	written	수동	
	과거완료진행	-	had	been	being	written	수동	
	미래완료진행	will	have	been	being	written	수동	
분석	동사구에서 쓰이는 위치	← modal(법조동사)이나 시제 →					동사에 단어를 추가시켜 시제와 시상의 기능을 확장시킬 때, 동사의 본래 의미를 간직한 head에 태, 진행, 완료, modal이나 시제의 순서로 연결되기 때문에, 동사구의 의미는 맨 앞의 modal이나 시제가 결정될 때 확정된다.	
		-	← 완료 시상 →					
		-	-	← 진행 시상 →				
		-	-	-	← 태 →			
		-	-	-	-	의미(head)		

* 위의 시제와 시상 구분에 있어서, 미래완료진행이 없다고 보는 의견이 있고, 또한 완료 시상이 미래 시제와 결합될 수 없다고 보는 의견도 있다.

한편, 앞에서 살펴본 것처럼 한국어의 동사에서는 시제와 시상이 동사의 어간에 붙여 쓰는 어미에 의해서 결정된다. 한국어에서 동사를 분해하면, 의미를 전달하며 변하지 않는 어간(영어의 head에 해당)에 어미가 붙어 시제와 시상을 나타낸다. 예를 들면, '하-'라는 어간에 '-였-'이라는 과거시제 선어말어미가 붙고,[18] 이에 '-다'라는 어말어미가 붙어서, '하였다'라는 동사가 만들어진다는 방식이다(한국어의 동사 = 어간 + 선어말어미(들) + 어말어미).

그러나 정확히 말해서 선어말어미는 어간에 붙어 독립적인 동사를 만들지 못하고, 어간과 어말어미 사이에 쓰이기 때문에, 단어의 꼬리를 의미하는 어미에 부합되지 않는 용어이다. 이런 까닭에 선어말어미를 어미라고 부르지 않고 보조어간이라고 부르기도 한다. 이러한 이유에서 선어말어미의 호칭에 대한 선행 논문의 주장은 다양하지만, 여러 개의 선어말어미가 결합되는 순서는 '1) 존대 어미 (상대방을 높이는 의미를 나타내는 어미)' → '2) 시제와 시상의 어미' → '3) 겸양 어미 (자기를 낮추어 상대를 높이는 어미)' → '4) 회상을 나타내는 어미'인 것으로 보는 것이 공통적이다(국립국어원 홈페이지 등을 참고).[19]

대표적인 선어말어미와 그 예를 국립국어원의 자료를 중심으로 살펴보면, 존대의 선어말어미로는 '-시-'("가시다"), '-으시-'("읽으시다"), '-옵

---

[18] 과거 시제를 나타내는 대표적인 선어말어미는 '-았-'과 '-었-'이지만(모음조화 규칙에 따라서 '-았-'이나 '-었-'을 선택한다: "보았다", "먹었다"), '-하다'와 '-이다'로 끝나는 어간에서는 선어말어미 '-였-'을 사용한다.

[19] 이와는 다르게, 선어말어미의 구분을 세 가지로 하여 '겸양 어미'를 설정하지 않고 '회상 어미'를 '서법 어미'로 본 견해가 있으나(홍재성, 2002: 139), 어말어미에 매우 다양한 서법 기능이 있고 한국어는 존비어 체계가 명확하기 때문에, 이 책에서는 '겸양 어미'와 '회상 어미'란 용어를 채택하였다.

-'("만수무강 하옵소서", "하옵니다")이 있고, 시제와 시상을 나타내는 선어말어미로는 '-는-'(현재 시제 선어말어미: "먹는다"), '-느-'(현재 시제 선어말어미: "먹느냐?"), '-ㄴ-'(현재 시제 선어말어미: "하 + ㄴ + 다 = 한다"), '-았-/-었-'(과거 시제 선어말어미: "보았다", "먹었다"), '-였-'(과거 시제 선어말어미: "하였다"), '-더-'(과거 시제 선어말어미: "가시더니"), '-겠-'(미래 시제 선어말어미: "하겠다"), '-리-'(미래 시제 선어말어미: "내가 가리다.") 등이 있는데, 한국어 선어말어미의 용법에 대한 주장은 일치하지 않는 부분이 있다. 예를 들면, 선어말어미 '-었-'의 기본 의미는 과거 시제이고 완료 시상은 파생 의미로 보는 주장이 있는 반면에(이수득, 2003: 7), 한 가지 선어말어미가 과거 시제와 완료 시상의 두 범주를 모두 나타내는 것은 논리상 맞지 않는다는 주장도 있다(김천학, 2007: 15-21).

그러나 시제 선어말어미가 서법의 기능도 한다는 측면에서는 대체로 의견의 일치를 보이고 있다. 즉, '-느-'(직설법 선어말어미: "공부를 하느냐"), '-더-'(회상 선어말어미: "먹더라", "하더니"), '-겠-'(추측 선어말어미: "참 덥겠다"), '-리-'(추측 선어말어미: "나도 함께 가리라") 등이 서법의 기능을 한다고 본다.

겸양을 나타내는 선어말어미에는 '-사오-'("하였사오니"), '-사옵-'("가겠사옵니다"), '-자옵-'("소식을 듣자옵고", "명령을 받자옵고") 등을 비롯하여 '-옵-'("가시옵소서"), '-삽-'("밥을 먹삽고"), '-잡-'("받잡고") 등이 제시되고 있으며, 회상을 나타내는 대표적인 선어말어미는 '-더-'(예: "먹었더라", "가더나")로 공통적으로 제시되고 있다.[20]

---

[20] '-더-'(회상 선어말어미)와 '-았-/-었-/-였-'(과거 시제 선어말어미)은 모두 과거를 나타낸다는 점에서는 공통적이나, '-더-'는 '회상 선어말어미'로 불리는 만큼 과거의 일을 현재의 장면에 그대로 옮겨와서 전달하는 의미를 나타낸다. 즉, 용언의 어간이나 어미인

한편, 동사의 맨 끝에 오는 어말어미는 문장을 끝맺는가 혹은 연결시키는가에 따라서 '종결어미'와 '연결어미(비종결어미)'로 구분된다.21 종결어미는 문장의 끝에 놓여서 평서, 감탄, 의문, 명령, 청유와 같은 서술을 나타낼 뿐만 아니라, 영어의 법조동사의 기능을 하기도 한다.

예를 들면, 평서문에 쓰이는 종결어미로는 '-다'("먹다"), '-네'("눈이 왔네"), '-오'("오십시오"), '-지'("이것이 책이지"), '-ㅂ 니다'("예쁘(다) + -ㅂ 니다 = 예쁩니다') 등이 있고, 의문을 나타내는 어미로는 '-느냐'("누가 그런 말을 하느냐?"), '-니'("누가 왔니?"), '-는가'("오는가?"), '-냐'("예쁘지 않냐?"), '-ㅂ 니까'("하(다) + -ㅂ 니다 = 합니까?"), '-ㄹ 까'("가(다) + -ㄹ 까 = 갈까" 등이 있다. 가정을 나타내는 어미로는 '-(으)면'("오면"), '-거든'("가거든"), '-더라도'("오더라도") 등이 있으며, 이유를 나타내는 어미로는 '-(으)니'("먹으니"), '-(으)므로'("있으므로") 등이 있고, 필연을 나타내는 어미로는 '-어야'("되어야"), '-아야'("보아야") 등이 있으며, 의도를 나타내는 어미로는 '-(으)러'("하러"), '-(으)려'("구분하려") 등이 있고, 정지를 나타내는 어미로는 '-다가'("가다가") 등이 있으며, 추가를 나타내는 어미로는 '-ㄹ 뿐더러'("가(다) + -ㄹ 뿐더러 = 갈뿐더러"), '-ㄹ 수록'("가(다) + -ㄹ 수록 = 갈수록") 등이 있고, 양보를 나타내는 어미로는 '-ㄹ 망정'("하(다) + -ㄹ 망정 = 할망정"), '-ㄹ 지언정'("가(다) + -ㄹ 지언정 = 갈지언

'-으시-', '-었-', '-겠-'의 뒤에 붙어서, 과거 어느 때에 직접 경험하여 알게 된 사실을 현재의 말하는 장면에 그대로 옮겨와서 전달한다는 뜻을 나타낸다. "선생님은 기분이 좋으시더라.", "아침에 까치가 울더니 반가운 손님이 찾아왔다."(국립국어원 홈페이지의 설명 참고).
21 한국어에서 "접속사, 관계대명사의 부재는 유럽 지역에서 사용되는 주요 인구어와 대조되는 알타이 제어의 공통된 특성으로 일찍부터 관찰되어 왔다." 이러한 접속사, 관계대명사의 부재를 보완하는 측면에서 "한국어에서 문장의 접속 기능은 동사/형용사와 같은 서술어의 어말어미 중 이른바 연결어미가 담당"한다(홍재성, 2002: 132).

정") 등이 있으며, 설명을 나타내는 어미로는 '-는데'("들었는데") 등이 있고, 추정을 나타내는 어미로는 '-려니와'("가려니와"), '-거니와'("오거니와") 등이 제시될 수 있다.

연결어미(비종결어미)는 다른 문장과의 관계를 파악하여 '연결어미(접속어미)'와 '전성어미'로 구분되는데, 연결어미는 한 문장을 다음 문장으로 이어주는 기능을 하고, 전성어미는 동사를 명사, 관형사, 부사 등으로 전성시키는(바꾸는) 기능을 한다. 이러한 연결어미는 문장을 대등하게 연결시키는가 여부에 따라서, 다시 대등어미, 종속어미, 보조적 연결어미로 통상 구분되고 있다. 예를 들면, 문장을 대등하게 연결시켜주는 대등어미에는 열거의 의미를 나타내는 '-고'("하고"), '-며'("하며"), '-면'("가지면"), '-거나'("주거나") 등이 있으며, 양보의 의미를 나타내는 '-지만'("한정되지만"), '-나'("키가 크나") 등이 있고, 선택의 의미를 나타내는 '-거나'("오거나"), '-든지'("가든지"), '-든가'("하든지"), '-든'("하든"), '-느냐'("하느냐") 등이 있다.

동사를 명사, 관형사, 부사로 전성시켜서(바꾸어서), 문장을 명사절, 관형사절, 부사절로 바꾸어 주는 전성어미에 있어서는, 명사형 전성어미에 '-가'("일하기가 쉽다"), '-음'("걸음, 묶음, 믿음, 얼음, 엮음, 울음"), '-ㅁ'("알(다) + ㅁ = 앎, 만들(다) + ㅁ = 만듦") 등이 있고, 관형사형 전성어미에 '-은'("먹은 음식"), '-는'("달이 뜨는 밤이"), '-ㄴ'("달이 뜬 밤이"), '-던'("하던 일") 등이 있다. 특히, 시간 양상을 나타내는 부사형 전성어미에는 '-아/-어'("살아 보자", "먹어 보다"), '-게'("신이 나게 놀자. 놀게 하다"), '-자'("가지 않을래?"), '-고'("자고 있다") 등이 있다.

이상과 같은, 한국어에서 동사의 어간에 붙여 쓰는 선어말어미와 어말어미의 연결 순서를 정리하면 다음의 <표 8>과 같이 요약될 수 있다.

〈표 8〉 한국어의 동사에서 시간 표현 어미의 연결 위치

어미 순서	순서1 동사어간 (stem)	순서2 존대어미	순서3 시제어미 (시상과 서법 포함)	순서4 겸양어미	순서5 회상어미	순서6 종결어미 (서술, modal)	순서7 연결어미 (modal 포함)	순서7 전성어미 (보조적 연결)
			선어말어미(혹은 보조어간)			어말어미		
							연결어미	
주요 어미	어간-	-시- -옵	〈시제〉 현재: -는- -느- -ㄴ- 과거: -았/었- -였- -더- 미래: -겠- -리- 〈서법〉 직설: -느- 회상: -더- 추측: -겠- -리-	-사오- -사옵- -자옵- -옵- -삽- -잡-	-더-	-다 -네 -오 -지 -ㅂ니다 -(으)면 -거든 -더라도 -(으)니 -므로 -어야 -(으)러 -다가 -ㄹ수록 -ㄹ망정 -는데	-고 -며 -면 -거니 -지만 -나 -거나 -든지 -든가 -든 -느니	〈명사〉 -기 -음 -ㅁ 〈관형사〉 -은 -는 -ㄴ -던 〈부사〉 -아 -어 -게 -지 -고
용례	하	-시-	-었+겠-	-사옵-	-더-	-이다		
	하		-겠-			-다	-고	
	하	-시-						-던
	가		-겠-	-사옵-		-니다	-만	
	주		-었-		-더-		-니	

<표 7> '영어에서 시간 표현 단어의 연결 순서'와 <표 8> '한국어에서 시간 표현 어미의 연결 순서'를 비교해보면, 영어에서 시제와 시상을 나타내는 동사구의 구조와 요소는 한국어와 매우 다름을 알 수 있다. 무엇보다도 영어와 한국어는 시제와 시상을 나타내는 단위와 위치가 다르다. 영어에서는 동사구에 단어를 추가시켜 시제와 시상의 기능을 확장시킬 때, 동사의 본래 의미를 간직한 head 앞에 태, 진행시상, 완료시상, 법조동사나 시제의 순서로 붙여 쓰기 때문에, 동사구의 양 끝인 '법조동사나 시제'와 'head'가 확정되면 동사구의 시제와 시상이 결정된다.

그러나 한국어에서는 동사 어간에 선어말어미와 어말어미를 붙여 씀으로써 동사의 시제와 시상을 나타내고 있다. 이때 선어말어미는 대체로 존대 어미, 시제와 시상 어미, 겸양 어미, 회상 어미의 순서로 붙여 쓰고, 어말어미는 문장을 끝맺는가 혹은 연결시키는가에 따라서 종결어미와 연결어미(비종결어미) 가운데 하나를 선택하거나 또는 전성어미를 선택하여 동사를 명사, 관형사, 부사로 전성시켜(바꾸어) 쓰는데, 이들 어말어미로써 서술과 법조동사의 매우 다양한 용법을 나타낼 수 있다.

따라서 영어에서 시제와 시상을 나타내는 단어들을 결합시키는 방향은, 한국어에서 시제와 시상을 나타내는 어미들의 결합 방향과 반대이다. 영어에서는 head의 앞 쪽으로 단어를 추가시켜 시제와 시상의 기능을 확장시켜나가기 때문에, 동사구의 맨 처음에서 법조동사나 시제를 나타내고, 이어서 완료/진행 시상을 나타낸 후, 동사의 의미를 확정짓는 구조이다. 그러나 한국어에서는 동사 어간에 시제와 시상을 나타내는 선어말어미(들)를 붙여 쓰는 데 있어서, 존대어미와 겸양어미 사이에 시제어미를 써줄 뿐만 아니라, 이 시제어미가 시상어미와 서법어미의 기능을 동시에 수행할 수 있으며, 더욱이 맨 끝에 쓰이는 어말어미도 서술과 법조동사의 기능을 수행할 수 있기 때문에, 한국어의 시제와 시상 용법은 영어처럼 간략하게 설명되기가 힘들다. 이러한 영어와 한국어의 차이를 정리하면 다음의 <표 9>와 같다.

〈표 9〉 영어와 한국어에서 시제와 시상의 연결 위치 비교

영어		동사구에서 단어의 연결 순서					태	시제와 시상
		순서5	순서4	순서3	순서2	순서1		
용례	현재	-	-	-	can	write	능동	시제
	과거	-	-	-	-	wrote		
	미래	will	-	-	-	write		
	현재	-	-	is	-	written	수동	
	과거	-	-	was	-	written		
	미래	will	-	be	-	written		
	현재완료	-	has	-	-	written	능동	완료
	과거완료	-	had	-	-	written		
	미래완료	will	have	-	-	written		
	현재완료	-	has	been	-	written	수동	시상
	과거완료	-	had	been	-	written		
	미래완료	will	have	been	-	written		
	현재진행	-	-	-	is	writing	능동	진행
	과거진행	-	-	-	was	writing		
	미래진행	will	-	-	be	writing		
	현재진행	-	-	is	being	written	수동	
	과거진행	-	-	was	being	written		
	미래진행	will	-	be	being	written		
분석	동사구에서 쓰이는 위치	← modal(법조동사)이나 시제 →					동사에 단어를 추가시켜 시제와 시상의 기능을 확장시킬 때, 동사의 본래 의미를 간직한 head 앞으로 태, 진행, 완료, modal이나 시제의 순서로 연결되기 때문에, 동사구의 의미는 맨 앞의 modal이나 시제가 결정될 때 확정된다고 볼 수 있다.	
		-	-	← 완료 시상 →				
		-	-	← 진행 시상 →				
		-	-	-	← 태 →			
		-	-	-	-	의미(head)		

한국어		순서1	순서2	순서3	순서4	순서5	순서6	순서7	
				선어말어미(혹은 보조어간)			어말어미		
		동사어간 (stem)	존대 어미	시제어미 (시상과 서법 포함)	겸양 어미	회상 어미	종결 어미 (서술, modal)	연결어미	
	어미 순서							연결어미 (modal 포함)	전성어미 (보조적 연결)
구분	주요 어미	어간-	-시- -옵	〈시제〉 현재:-는- -느- -ㄴ- 과거: -았/었- -였- -더- 미래:-겠- -리- 〈서법〉 직설:-느- 회상:-더- 추측:-겠- -리-	-사오- -사옵- -자옵- -옵- -삽- -잡-	-더-	-다 -네 -오 -지 -ㅂ니다 -(으)면 -거든 -더라도 -(으)니 -므로 -어야 -(으)러 -다가 -ㄹ수록 -ㄹ망정 -는데	-고 -며 -면 -거니 -지만 -나 -거나 -든지 -든가 -든 -느니	〈명사〉 -기 -음 -ㅁ 〈관형사〉 -은 -는 -ㄴ -던 〈부사〉 -아 -어 -게 -지 -고
	용례	하	-시-	-었+겠-	-사옵	-더-	-이다		
		하		-겠-			-다		-던
		주		-었-		-더-		-니	

이 표에서 볼 수 있는 것처럼, 영어에서는 시제와 시상을 나타내기 위해 사용되는 단어가 쓰이는 위치가 정해져 있고, 서법이 동사구의 맨 끝에서 결정되는 경우도 있지만 대체로 맨 앞의 법조동사에서 처음부터 결정되는 경향이 있다. 반면에, 한국어에서는 시제와 시상을 나타내는 어미를 존대어미와 겸양어미 사이에 쓰게 되어 있고, 법조동사의 의미를 종

결어미나 연결어미에서도 나타낼 수 있기 때문에, 문장 끝의 종결어미가 결정된 뒤에야 시제와 시상의 기능이 확정된다. 다시 말해서 한국어의 시제와 시상은 문장이 끝날 때까지는 속단을 할 수가 없다. 요컨대, 영어의 시제와 시상을 한국어로 번역할 때, 첫 번째 과제는 시간 표현 요소의 연결순서 차이를 이해하여 영어 ST의 시제와 시상에 가장 적합한 한국어의 선어말어미 내지 어말어미를 선택하는 데 있음을 알 수 있다.

[2] 결합 요소 차이

위에서 영어와 한국어의 시제와 시상의 연결을 비교한 결과에 의하면, 두 언어 사이에는 시제와 시상에 부가적으로 결합되는 요소에 있어서도 큰 차이가 남을 확인할 수 있다. 구체적으로 말해서, 영어에서는 존대를 표현하는 시상 체계가 잘 갖추어져 있지 않기 때문에, 대체로 'would,' 'should'와 같은 법조동사를 사용하여 존대를 나타낼 수 있을 뿐이다. 그러나 한국어에서는 상대를 높이는 존대뿐만 아니라 자기를 낮추는 겸양의 어미까지도 체계가 잘 갖추어져 있다. 또한 영어에서는 시상 체제에 태(voice)를 표현하는 기능이 연결되어 있기 때문에 능동과 수동이 주어를 중심으로 유기적으로 사용되지만, 한국어에서는 수동 표현을 대체로 어색한 어법으로 간주하기 때문에 일부 예외적인 경우를 제외하고는 어미를 연결할 때 좀처럼 수동 어미를 사용하지 않는다. 더욱이 영어에서는 시간부사가 시제와 시상을 명확히 해주는 보조적인 기능을 하지만, 한국어에서는 동사에 붙여 쓰는 시간부사가 동사의 시제와 시상을 대체하는 기능을 담당하기도 한다.

1 존대 표현의 비체계성과 체계성

한국어의 동사에서는 존비어(존칭과 비칭) 어미를 시간 표현 어미에 붙여 사용해야만 하는 경향이 있다. 이런 까닭에 시간 표현에 대한 영한 번역시, 한국어에서는 화자를 존칭해주어야 할 경우에, 존대 어미를 시제와 시상 어미와 함께 써야 하고, 이와는 반대로 화자를 낮추어야 할 경우에는, 어미를 낮춤말로 써주어야 한다. 다음 인용문은 영어 원문을 각각 한국어 존댓말과 낮춤말로 옮긴 사례이다.

(S-1) What did you have for breakfast?
(S-2) What are you doing now?
(S-3) No, it is really not so.
(S-4) You don't mind the trivial work.

(T-1) 아침식사로 무엇을 드셨습니까?
· (T-2) 지금 무엇을 하고 계십니까?
(T-3) 아니요, 정말로 그렇지 않습니다.
(T-4) 사소한 일에 신경 쓰지 마십시오

(T-1') 아침에 무엇을 먹었니?
(T-2') 지금 무엇을 하고 있니?
(T-3') 아니, 진짜 그렇지 않아.
(T-4') 사소한 일에 신경 쓰지 마.

한국어에서는 존칭과 겸양을 나타내는 어미가 시제와 시상 어미와 결부되어 일상적으로 사용되고 있으며, 일반적으로 시제어미 앞에 존대어미가 쓰이고, 시제어미 뒤에 겸양어미를 써주고 있다. 한국어에서는 존대

뿐만 아니라 겸양의 어미까지도 체계가 잘 갖추어져 있다. 위의 예문에서 볼 수 있듯이 한국어에서는 'no(아니요/아니)'와 'yes(예/그래)'와 같은 부사는 물론이거니와, 심지어 'really'와 같은 부사도 존댓말과 낮춤말의 문맥에 알맞게 번역하는 것이 필요하다. 특히, 한국어에서 존대와 겸양은 선어말어미로써 표현되고 있으며, 이 존대 어미와 겸양 어미 사이에 시상의 의미를 포함하는 시제 어미가 위치한다. 따라서 시간과 관련된 영한 번역을 할 때, 영어의 시제와 시상뿐만 아니라 존비어 상황을 한국어 맥락에 맞게 적절히 보충해줄 필요가 있다.

❷ 수동 표현의 수용과 비수용

영어에서는 동사에 단어를 추가시켜 시제와 시상의 기능을 확장시킬 때, 동사의 본래 의미를 간직한 head에 수동태, 진행시상, 완료시상, 법조동사나 시제의 순서로 연결시켜 나가기 때문에 수동태가 시제 혹은 시상과 바로 연결되어 흔히 쓰이지만, 한국어에서는 수동태 문장을 종종 비문으로 간주하기 때문에 영어에서보다 훨씬 더 제한적으로 사용한다.[22]

---

[22] 국립국어원 홈페이지의 게시 자료에 따르면, 한국어 통사론에서는 영어와 다르게 '능동-수동'이 아닌 '능동-피동'이라는 범주가 사용되고 있다. 이 구분에서 피동(被動)이란 주체가 다른 힘에 의하여 움직이는 '동사의 성질'을 뜻하며, 그 대표적인 용례는 '-어지다', '-되다', '-받다', '-당하다' 등이 있지만, 한국어의 한 가지 특징은 수동태를 갖추고 있지 않음으로 제시되어 있다. 이러한 관점에서, 영어에서 온 수동태를 무조건 배척할 필요는 없으나, 피동형의 빈번한 사용은 한국어 문법과 문체와 맞지 않는 '번역투'이기에 지양해야 한다는 설명을 하며, 다음과 같은 예문의 수정을 제시하고 있다.
· 발상의 전환이 이루어져야 한다. → 발상을 바꿔야 한다.
· 그의 오랜 숙원이 이루어졌다. → 그는 오랜 숙원을 이루었다.
· 공격의 찬스가 주어지면 → 공격할 기회가 오면
· 우리 선수에게 퇴장이 주어지는군요. → 우리 선수를 퇴장시키는군요.

이러한 관점에서, 언어학자들과 번역사를 양성하는 사람들은 영어의 수동 구조가 TL에 아예 없거나 덜 빈번하게 사용되는데도 불구하고 이 수동구조를 축어적으로 많은 목표언어에서 번역하는 경향에 대하여 비판을 하고 있다(곽은주 외 역, 2005: 147).

실제로 영어의 수동태를 한국어로 직역하면, 어색한 문장이 되기 때문에 한국어에서는 수동태가 부자연스런 표현으로 흔히 간주된다. 예를 들면, "Pankyo new town will be developed until 2010 by Korean Government."라는 문장은 "판교 신도시가 한국 정부에 의해 2010년까지 개발될 것이다."라고 수동 번역하기보다는, "한국 정부는 2010년까지 판교 신도시를 개발할 것이다."라고 능동으로 옮겨주는 것이 더 자연스런 한국어 표현이 된다.

이와 관련하여, 한국어와는 비교가 될 수 없을 정도로 중국어에는 수동태뿐만 아니라 동사의 변화가 거의 없다시피 하다. 중국어에서는 문장의 주어와 동사 사이의 관계를 나타내기 위해서 동사의 형태를 바꾸지 않으며, 문장의 주어와 동사 위치를 바꾸어 쓰지도 않고, 한국어와 같은 동사의 어미변화도 없다. 이러한 중국어 문화권과 한자의 영향을 오래 받은 까닭에, 한국어에서는 수동태를 문법적으로 틀린 표현은 아닐지라도 부자연스런 표현으로 여기려는 경향이 있다. 따라서 한영 번역에서는 다음의 예문과 같이 수동태 대신 능동태로 번역하는 것이 훨씬 더 자연스럽다.

[ST 1]

Indeed, they were an endless Project that slowly evolved into a Unit, in which miles of construction paper and wax crayon <u>were expended by the State of Alabama</u> in its well-meaning but fruitless efforts to teach me Group Dynamics.

(Lee, 1995: 32)

[TT 1]
참으로 끝없는 '프로젝트'로, 그 프로젝트는 서서히 한 '단위'로 발전했고, 그 단위에서 <u>앨라배마 주는</u> 나에게 '집단 역학'을 가르치기 위해 엄청난 양의 도화지와 크레용을 <u>소비했다</u>. 하지만 주 정부의 선의에도 불구하고 헛된 노력이었다. (김욱동 역, 2005: 65)

위의 [ST 1]에서 수동으로 쓰인 "were expended by the State of Alabama" 는 [TT 1]에서 수동태로 번역하지 않고, "앨라배마 주는 … 소비했다"라고 능동으로 바꾸어 옮기고 있다.

이러한 태의 변화는 주로 번역의 관습 내지는 번역투 때문이라고 볼 수 있겠는데, 이런 현상은 나사니엘 호손(Nathaniel Hawthorne)의 『주홍 글씨』[23](*The Scarlet Letter*)에서 인용한 다음 예문들에서도 마찬가지로 나타난다.

[ST 2]
<u>Preceded by the beadle, and attended by an irregular procession of stern-browed men and unkindly-visaged women</u>, Hester Prynne set forth towards the place appointed for her punishment. (Hawthorne, 2000: 49)

[TT 2]
<u>형리가 앞장서고 눈살을 찌푸린 남자들이며 매정한 표정의 여인들이 줄줄이</u>

---

[23] 호손(Nathaniel Hawthorne)이 쓴 *The Scarlet Letter*는 『주홍 글자』로 번역하는 것이 적절하겠지만, 이 책에서 참고하여 분석한 박경미(2005)의 번역서는 『주홍 글씨』로 번역되어 있다.

뒤따르는 가운데 헤스터 프린은 정해진 형장으로 걸어가기 시작했다. (박경미 역, 2005: 14)

[ST 3]
In that early severity of the Puritan character, an inference of this kind <u>could not</u> so indubitably <u>be drawn</u>. (Hawthorne, 2000: 44)

[TT 3]
초기 청교도들이 지녔던 엄격한 성격으로서는, 확신을 갖고 그 같은 추측을 <u>내릴 수는 없었다.</u> (박경미 역, 2005: 9)

위의 [ST 2]에서 "Preceded by the beadle, and attended by an irregular procession of stern-browed men and unkindly-visaged women"이라는 수동태 표현은 [TT 2]에서 "형리가 앞장서고 눈살을 찌푸린 남자들이며 매정한 표정의 여인들이 줄줄이 뒤따르는 가운데"와 같이 능동태로 바뀌어 번역되어 있다. 또 [ST 3]에서 수동으로 쓰인 "could not … be drawn"을 [TT 3]에서 "내려질 수는 없었다"라고 수동으로 번역하지 않고, "내릴 수는 없었다"라고 능동으로 번역하고 있다. 이처럼 영어에서는 시상 체제에 수동 표현 요소가 잘 결부되어 있는 반면에, 한국어에서는 영어만큼 구조화되어 있지 못하다. 이에 따라 수동태의 사용을 아예 한국어 문체와 맞지 않는 표현으로 간주하려는 경향도 있다.

③ 시간부사의 보조 기능과 대체 기능

영어에서는 시간부사(now, then, before, ago, already, just, later, still, soon, yet, late, early 등)가 시제와 시상을 명확히 나타내는 보조적인 기능

을 한다. 이에 비해 한국어에서는 '계속', '잠시', '지금 막' 등과 같은 시간
부사가 동사의 시제와 시상을 대체하는 기능을 한다.

(S-1) I study English. (현재)

(S-2) I studied English. (과거)

(S-3) I will study English. (미래)

(S-4) I have studied English. (현재완료)

(S-5) I had studied English. (과거완료)

(S-6) I will have studied English. (미래완료)

(S-7) I am studying English. (현재진행)

(S-8) I was studying English. (과거진행)

(S-9) I will be studying English. (미래진행)

(S-10) I have been studying English. (현재완료진행)

(S-11) I had been studying English. (과거완료진행)

(S-12) I will have been studying English. (미래완료진행)

(T-1) 나는 영어를 공부한다.

(T-2) 나는 영어를 공부하였다.

(T-3) 나는 영어를 공부하겠다.

(T-4) 나는 영어를 (계속) 공부하였다/ 공부해왔다(계속용법).
      나는 영어 공부를 (지금 막) 끝마쳤다(완료용법).

(T-5) 나는 영어를 (그때까지) 공부하였다/ 공부해왔다(계속용법).
      나는 영어 공부를 (그때 막) 끝마쳤다(완료용법).

(T-6) 나는 영어를 (계속) 공부하겠다(계속용법).[24]

---

[24] 위의 예문에서 (T-6)은 "나는 영어를 (그때쯤이면) 공부했을 것이다." 혹은 "나는
(그때쯤이면) 영어 공부를 끝낸 뒤일 거야(것이야)."로 번역하는 것이 자연스럽다. (T-9)
역시 "나는 영어를 공부하고 있을 것이다."로 번역하는 것이 자연스럽지만, 이렇게 번역
하면 영어의 동사를 한국어의 동사로 번역한 것이 아니기 때문에, 위의 예문에서는 영어

나는 영어 <u>공부를 (그때)</u> 끝마치겠다(완료용법).

(T-7) 나는 영어를 <u>(잠시)</u> 공부하고 있다.

(T-8) 나는 영어를 <u>(잠시)</u> 공부하고 있었다.

(T-9) 나는 영어를 <u>(잠시)</u> 공부하고 있겠다.

(T-10) 나는 영어를 <u>(계속)</u> 공부하고 있었다/공부해오고 있는 중이다.

(T-11) 나는 영어를 <u>(그때 계속)</u> 공부하고 있었다/공부해오고 있는 중이었다.

(T-12) 나는 영어를 <u>(계속)</u> 공부하고 있겠다/공부하고 있는 중일 것이다.

위의 예문은 영어의 시제와 시상 유형 12가지에 대한 한국어 번역을 예시한 것이다. 이 예문에서 영어의 동사가 한국어의 동사로 번역된 사례에서 확인할 수 있는 것처럼, 시간표시 문법 요소가 영어에서는 동사(구)에서만 제시되지만, 한국어에서는 동사의 어미, 관형절(수식절)의 어미, 시간부사 등에서 제시되고 있다.

특히, 영어의 동사(구)에서 시제와 시상이 명확히 다르게 표현되는 것과 다르게, 한국어에서는 과거와 완료시상(현재완료시상과 과거완료시상)을 나타내는 동사가 같고, '계속'이나 '그때까지'와 같은 시간부사를 사용하거나 문맥의 전후 상황으로써 시간을 나타내고 있다. 마찬가지로, 한국어에서는 과거진행 시상과 완료진행 시상(현재완료진행 시상과 과거완료진행 시상)을 나타내는 동사에 있어서 차이가 나지 않는다.

따라서 한국어에서는 위와 같은 시제와 시상의 구분을 부사 혹은 문맥의 전후 상황으로 나타낼 필요가 있다. 특히, 한국어에서는 '했었다'란

의 동사를 한국어의 동사로 직역하는 측면에서 "공부하겠다"와 "공부하고 있겠다"로 번역하였다. 이처럼 번역하면, 선어말어미 '-겠-'이 미래 시제보다는 추측이나 의도의 시상, 혹은 의지나 완곡 서법 등을 표현한다고 볼 수 있는데, 이러한 영한 축어번역(직역)의 한계가 바로 시간 표현에 대한 번역 전략이 필요한 한 가지 근거라고 볼 수 있다.

과거완료 시상의 표현이 부자연스럽고 '했다'가 어법에 맞는 표현이라고 보는 것이 다수 선행 연구의 결과이기에, '현재완료 시상과 과거완료 시상의 구분'과 '현재완료진행 시상과 과거완료진행 시상의 구분'은 시간부사로써 처리할 필요가 있다.

더욱이 영어에서는 시간 표현 동사(구)를 수식할 수 있는 부사의 유형이 대체로 시간부사와 빈도부사로 한정되어 있으나, 한국어에서는 시간부사 이외에 다양한 부사들이 시간 표현을 나타낼 수 있다. 위의 예문에서 볼 수 있듯이, 한국어에서는 '계속', '지금 막', '그때 막', '지금까지', '그때까지', '잠시', '내내' 등과 같이 시간을 섬세하게 나타낼 수 있는 시간부사(구)를 사용함으로써 다양한 시상을 나타내고 있다.

이상의 내용을 종합하면, 영어에서는 시간부사가 시제와 시상을 구체화시키는 보조적 기능을 하지만, 한국어에서는 시간부사가 시제와 시상을 구체화시키는 보조적 기능 외에, 동사의 시제와 시상을 대체하는 기능도 하는 경우가 있음을 알 수 있다.

이러한 영어와 한국어 시간부사의 차이를 고려하면, 영어의 시간 표현을 한국어로 번역할 때 동사만을 중심으로 옮기기 힘든 경우가 있으며, 시제와 시상을 동사에 국한되는 것으로 직역을 할 경우에 번역문의 등가 상실이 일어날 가능성이 있음을 알 수 있다.

[3] 표현 방식 차이

이상과 같이 영어와 한국어에서 시제와 시상의 연결 순서와 결합 요소를 비교해본 결과에 의하면, 영어와 한국어는 시제와 시상의 표현 방식도 다름을 알 수 있다. 구체적으로 말해서 시제와 시상의 표현 방식에 있어서 영어에서는 동사를 변화시키거나 추가시키는 반면에, 한국어에서는 동사와 형용사25의 끝 부분인 어미를 활용시킨다. 또한 영어에서는 시제 일치가 시제와 시상을 표현하는 중요한 규칙이지만, 한국어에서는 오히려 종속절의 시제 일치를 틀린 어법으로 간주하는 경향이 있다. 특히 영어에서는 완료와 진행 시상의 형태와 위치가 명확하게 체계적으로 사용되고 있지만, 한국어에서는 시상을 어미의 변화 없이 시간부사를 추가하거나 문장의 맥락 등으로 표현하고 있는 경우가 흔하다. 이런 까닭에 한국어에는 완료 시상이 없다고 보는 주장이 힘을 받기도 한다.

영어에서는 시제와 시상이 구조적으로 쓰이는 한계를 보완하는 측면에서, 완료와 진행 시상의 다양한 용법처럼 시상이 다의적으로 사용되지만, 한국어에서는 어미의 활용이 매우 다양한 대신에 시간 표현 어미를 비교적 정확하게 구별하여 사용하고 있다. 또한 영어에서는 동사가 동작동사(action or dynamic verb)와 상태동사(stative or state verb) 등으로 구분되고, 이 구분에 의해서 진행 시상의 사용에 제한이 따르지만, 한국어에서는 영어의 상태동사에 해당하는 동사가 아예 없는 대신에 형용사와 일부 명사26의 어간에 '-하다', '-다', '-고 있다' 등을 붙여 합성동사를 만들어

---

25 세계의 언어는 (1)형용사가 존재하지 않는 언어, (2)형용사가 명사와도 동사와도 다른 언어, (3)형용사가 명사와 많은 속성을 공유해서 명사와 유사한 언어, (4)형용사가 동사와 많은 속성을 공유해서 동사와 유사한 언어 등의 유형으로 나뉠 수 있는데, 많은 언어는 (3)의 유형이나 (4)의 유형에 속하는 것으로 보고되어 있다. 이 관점에서 유형 (3)의 언어는 명사성 형용사 언어로, 유형 (4)의 언어는 동사성 형용사 언어로 특징지을 때, 라틴어나 독일어, 프랑스어 또는 몽골어, 터키어는 명사성 형용사 언어이고, 한국어는 중국어나 월남어 등과 같이 '동사성 형용사 언어'에 속하게 된다(홍재성, 2002: 130-131).
26 한국어에서 "명사는 전형적으로 사람/장소 또는 사물을 지시하는 의미를 갖는 것이 사실이지만, 대체로 명사적 의미의 범위는 이들 의미 유형에 한정되지 않고, 행위나 과정을 포함한 다양한 술어적 의미 부류를 표상할 수 있다."(홍재성, 2002: 133-134).

서 영어의 상태동사를 나타낸다.

▌ 동사 변화와 어미 활용

영어와 한국어에서 시간 표현의 중심 내용을 비교해볼 때, 시간의 언어화 단위가 영어에서는 단어인 반면에, 한국어에서는 단어 속에서 어간에 붙여 쓰는 어미이다. 영어와 한국어에서 시제와 시상은 기본적으로 동사에 의해 표현된다.

(S-1) I studied English.
  (시제표현을 위한 동사의 변화)
(S-2) I will study English.
  (시제표현을 위한 법조동사의 추가)
(S-3) I have studied English.
  (시상표현을 위한 동사의 변화)
(S-4) I will have studied English.
  (시상표현을 위한 법조동사의 추가)

(T-1) 나는 영어를 공부하였다.
  (시제표현을 위한 어미 '-였-'의 추가)
(T-2) 나는 영어를 공부하겠다.
  (시제표현을 위한 어미 '-겠-'의 추가)
(T-3) 나는 영어를 (계속) 공부하였다(혹은, 공부해왔다).
  (시상표현을 위한 어미 '-였-'의 추가)
(T-4) 나는 영어를 (계속) 공부하겠다(혹은, 공부할 것이다).
  (시상표현을 위한 어미 '-겠-'의 추가)

한국어 시간부사의 용법에서 설명한 것처럼, (T-1)과 (T-3)을 구분하기 위해서 또한 (T-2)와 (T-4)를 구분하기 위해서, 시간부사 '계속'의 추가적인 번역이 필요하다.

그러나 영어의 동사를 한국어의 동사로 번역한 위의 예문에서 볼 수 있는 것처럼, 한국어에서는 시제와 시상을 동사의 어미로써 표현하는 경향이 있다. 이처럼 시간의 언어 단위가 영어에서는 동사(구)이지만 한국어에서는 시제와 시상 어미이기 때문에, 시간 표현에 대한 영한 번역시 영어의 시제와 시상에 대응하는 한국어의 어미에 대한 이해가 기본적으로 필요하다.

❷ 시제의 일치와 불일치

영어에서는 주절과 종속절의 동사들의 시제와 시상을 서로 맞추어 써야 하는 시제 일치가 일반적으로 지켜야 할 중요한 규칙인 반면에, 한국어에서는 시제 일치를 어색한 어법으로 간주하는 경향이 있다. 이와 관련하여, 국립국어원의 홈페이지에는 대등문의 올바른 해석과 관련하여 다음과 같은 예문이 제시되어 있다.

(가) 지난 겨울에 눈이 내리고 바람이 불었다.
(나) 지난 겨울에 눈이 내렸고 바람이 불었다.
출처: (국립국어원 홈페이지: http://www.korean.go.kr)

위의 예문 (가)는 시제 일치에 위배된 문장이고, 예문 (나)는 시제 일치를 지킨 문장이다. 이 두 문장은 모두 올바른 문장이라고 볼 수 있지만, 심층

구조(deep structure) 측면에서 과거시제 어미 '-었-'의 수식 범위가 다음과 같이 다르다고 분석될 수 있다.

(가-1) {지난 겨울에 [(눈이 내리)고 (바람이 불)]었다}
(나-1) {[지난 겨울에 눈이 내렸]고 [(지난 겨울에) 바람이 불었다]}

(가-1)의 분석 결과에 의하면, "눈이 내리다"와 "바람이 불다"가 대등적 연결어미 '-고'로 이어진 뒤 "지난 겨울에 … 었다"와 결합된 것이다. 이처럼 과거완료 시상 어미 '-었-'의 수식을 모두 받고 있기 때문에, 비록 시제 일치에 위배된 것처럼 외견상 보일지라도 문법적으로 틀리지 않게 쓰인 것이다. 반면에, (나-1) 역시 올바른 대등문이라고 볼 수 있지만, (나-1)과 같은 대등문을 (가-1)과 같이 표현하는 것이 한국어의 일반적인 현실이다. 다만, 예문 (나-1)은 '눈 내림'이 선행적으로 완료되고 '바람 붊'이 뒤에 일어난 선후 관계의 시차가 있는 경우를 나타낼 수 있다고 본다.

　　그러나 한국어에서와 달리 영어에서는 주절의 동사가 과거이면, 종속절의 동사는 다음에 제시된 예문과 같이 과거나 과거완료 시상으로 써야만 맞는 문장이 된다.

(S-1) I _think_ that he _is_ honest.
(S-2) I _thought_ that he _was_ honest.

이처럼 영어와 한국어에서 종속절의 시제 표현 방식이 다르기 때문에, 위의 예문 (S-2)를 직역하면 한국어에서는 어색한 문장으로 간주된다. 즉, "I thought that he was honest."를 "나는 그가 정직했다고 생각했다."라고 시제를 일치시켜 번역하면 어색한 문장이 되고, "나는 그가 정직하다고 생각했다."라고 번역해야 자연스런 표현이 된다.

앞의 한국어 예문들에서 볼 수 있는 것처럼, 한국어에서는 시제와 시상 어미를 흔히 연결어미('-고')에 붙여 한 단어 속에서 사용하는 사례가 빈번하기 때문에, 종속절의 시제와 시상의 엄밀한 사용을 강조하지 않는 것이 특징이다.

마찬가지로, 영어와 한국어는 전반적으로 일치에 대한 입장이 대조적이다. 한국어에서는 전후 문맥상 파악이 가능한 경우, 굳이 명사의 단수와 복수를 구분하지 않고, 격(格)과 성(性)을 구별해서 써야 하는 일치도 강조하지 않는다. 따라서 한국어에서는 "촛불 시위에 많은 중학생들, 고등학생들과 대학생들도 참가했다."와 같이 복수를 일치시킨 문장이 어색한 표현인 데 비해, "촛불 시위에 많은 중학생, 고등학생과 대학생이 참가했다."와 같이 수의 일치를 시키지 않은 문장이 자연스런 표현이 된다.

한국어는 영어처럼 구조화된 언어가 아니고, 글의 맥락 속에 의미를 담아 표현해야 하는 언어이기에, 담화의 관점에서 번역시 고려해야 할 사항이 영어보다 많은 언어이다. 시간의 언어화를 위해서, 영어에서는 표현하고자 하는 시제와 시상에 적합한 동사 혹은 법조동사를 선택해야만 하는데, 이때 현재, 과거, 미래의 구분이 명확하고 그 용법의 적용이 철저하며, 시제 일치의 규칙을 일반적으로 지킨다. 비록 영어에서 시상의 용법이 다양할지라도, 그 동사의 기본 형태(완료 시상: have + 동사의 p.p., 진행 시상: be + 동사ing)는 일정하게 정해져 있다. 그러나 한국어에서는 종속절의 시간 표현이 문장의 맥락 속에서 표현되는 경향이 강하다. 영어의 시제와 시상이 동사가 지정한 시점을 기준으로 전후 상황의 위치와 길이

를 체계적으로 표현하는 반면에, 한국어의 시간 표현은 시간 어미가 들어
간 관형사구와 동사구 등이 어울려 이들의 상호 관계로써 시제와 시상을
맥락적으로 표현한다.

　따라서 영어에서는 시제 일치 어법이 시제와 시상을 문장의 외적인
구조로서 지켜야만 하는 것으로 영향을 강하게 미치고 있으나, 한국어에
서는 종속절의 시제와 시상을 문맥으로 표현하여 주절에서 시제와 시상
을 확정짓고 있기에, 외적으로 시제 일치에 위배되는 시제와 시상 어미가
종속절에서 사용된다고 하더라도 정확한 시제와 시상 표현이 가능하다.

❸ 완료 시상의 구조화와 맥락화

　위에서 언급한 것처럼, 영어에서는 시상에 대한 다양한 학설에 상관
없이, 시상을 나타내는 동사의 기본 형태(완료 시상: have + 동사의 p.p.,
진행 시상: be + 동사ing)와 문장에서의 위치가 명확하게 정해져 있다. 한
국어에서도 동사 단어 안에서 시제 어미와 시상 어미가 쓰이는 위치가 일
정하게 정해져 있지만, 시제와 시상의 표현 방법이 영어처럼 동사에 한정
되어 있지는 않다. 특히, 한국어에서는 완료시상을 동사 단어 속에 쓰이는
어미의 변화 없이, 시간부사를 사용하거나 문장의 맥락에서 표현하는 경
우가 흔하다. 동사에서 완료 시상을 나타내지 않고, '계속'이나 '내내' 등과
같은 시간부사로써 완료 시상을 나타낸다.

　(S-1) I studied English.
　(S-2) I have studied English.
　(T-1) 나는 영어를 공부하였다.
　(T-2) 나는 영어를 (계속) 공부하였다(혹은, 공부해왔다).

(S-3) I will study English.

(S-4) I will have studied English.

(T-3) 나는 영어를 공부하겠다.

(T-4) 나는 영어를 (계속) 공부하겠다.[27]

위의 예문에서 볼 수 있듯이, 영어에서는 과거 시제와 현재완료 시상이 명확히 다른 것이지만, 한국어 문장에서는 명확히 구분이 되지 않는다. 이처럼 한국어에서 과거 시제와 현재완료 시상의 구분이 모호하기 때문에, 한국어에서 현재완료 시상을 "-해 오다"라고 간혹 번역하는 경우가 있지만, 과거 시제의 선어말어미 '-었-'으로써 현재완료 시상을 표현할 수 있다고 보는 경향이 있다(이수득, 2003; 김천학, 2007). 이에 따르면, 위의 예문에서 영문 (S-1)과 (S-2)는 각각 과거 시제와 현재완료 시상의 다른 문장이지만, 영어의 동사를 한국어의 동사로 직역하면 (T-1)과 (T-2)처럼 동일하기 때문에, 결국 시간부사 '계속'을 추가하여 시상의 차이를 나타내거나, 전후 문맥으로써 시상을 나타낼 필요가 있다. 마찬가지로, 영문 (S-3)과 (S-4)는 각각 미래 시제와 미래완료 시상의 다른 문장이지만, 한국어 동사에서의 직역은 (T-3)과 (T-4)처럼 동일하기 때문에, 영한 번역시 시간부사 '계속'을 추가하여 시제와 시상의 차이를 나타내거나, 문맥으로써 시상을 나타낼 필요가 있다.

---

[27] 위의 예문에서 (S-4)를 번역한 (T-4)는 "나는 영어를 (그때쯤이면) 공부했을 것이다." 혹은 "나는 (그때쯤이면) 영어 공부를 끝낸 뒤일 거야."로 번역하는 것이 한국어답다. 그러나 이렇게 번역하면 영어의 동사를 한국어에서 동사로 번역한 것이 아니기 때문에, 위의 예문에서는 영어의 동사를 한국어 동사로 직역하는 것을 예시하는 측면에서 "공부하겠다"로 번역하였다. 이렇게 번역하면, 선어말어미 '-겠-'이 미래 시제보다는 추측이나 의도의 시상, 혹은 의지나 완곡 서법 등을 표현한다고 볼 수 있는데, 이러한 영한 직역의 한계가 바로 시간 표현에 대한 번역 전략이 필요한 한 가지 근거라고 볼 수 있다.

영어 문법과 유사하게, 한국어에서 '-었-'이 두 개 겹칠 때 뒤의 것을 '대과거 보조어미'라고 말하는 주장도 있다. 예를 들면, "그 친구는 모자를 벗었었다."와 같이 '-었-'이 두 개 겹쳐 쓰일 때, 영어의 과거완료 식으로 뒤의 '-었-'을 '대과거 어미'로 인정하는 소수 의견이 있지만, 한국어와 영어 사이에 시제와 시상의 구분이 일치하지 않는다는 의견이 지배적이다. 이처럼 한국어에서는 완료 시상이 동사에서 명확하게 표현되지 못하기 때문에, 시간부사를 추가하여 완료 시상을 나타내며, 이밖에도 '다른 말에 기대어 쓰이는 형태소, 즉 접사, 조사, 어미 등의 의존 형태소'를 비롯하여 명사, 형용사, 관사28 등이 시간을 나타낼 수 있는 특징을 활용하여 문장의 맥락에서 완료 시상을 나타내는 경우도 있다.

따라서 영어와 한국어에서 완료 시상이 표현되는 방식의 차이를 고려하면, 영어 ST에 나오는 완료 시상의 본래 의미를 살려 영한 번역을 하기 위해서는, 직역으로는 부족한 점이 적잖이 발견된다. 왜냐하면 시상이란 시간을 표현하는 언어적 수단일 뿐 시간 그 자체가 아니기에, 시상의 표현은 특정 언어 문화권에서 통용되는 언어 사용의 규칙에 따라서 제시되어야 하기 때문이다.

---

28 "한국어에는 관사, 접속사, 관계대명사가 존재하지 않는다"는 의견이 있다(홍재성, 2002: 132). 국립국어원 홈페이지에서도 "한국어의 품사 분류에서 '관사'가 존재한다고 보는 연구보고서는 찾아보기가 어렵지만, '이/그/저'를 관사로 볼 때는 체언과 띄어서 써야 하고, 합성어가 되어 쓰이는 경우는 붙여 쓴다"고 설명하고 있다. 즉, '앞에서 이미 이야기한 날'을 이르는 '그날'이나, '바로 지금의 때' 또는 '바로 앞에서 이야기한 시간상의 어떤 점이나 부분'을 이르는 '이때'를 예시하고 있다. 이 책은 영한 번역을 다루기 때문에, '이/그/저'가 영어의 관사에 대응할 수 있다고 보았다.

④ 시간 표현의 다의성과 명확성

영어에서는 이와 같이 시제와 시상 용법이 명확하게 적용되는 특성을 보완하는 측면에서 동일한 시간 표현을 다의적으로 사용하는 경향이 있다. 이와는 다르게, 한국어에서는 시제와 시상 어미가 매우 다양하기 때문에 이 다양한 시간 표현 어미들을 명확하게 구별하여 사용해야만 하는 어려움이 있다(박철, 2004; 배진영, 2005). 영어 시간 표현의 다의성은 법조동사(will, would, shall, should, can, could, may, might, must 등)의 용법에서 확인이 가능하다. 영어에서는 시제와 시상을 나타내는 다양한 양상인 법조동사가 잘 발달되어 있다.

법조동사가 시제를 나타내는 기능을 수행하는 근본적인 이유는, 영어의 시제가 어미 굴절(inflection) 측면에서 볼 때, 현재시제와 과거시제 두 가지만 존재하는 점에서 찾을 수 있다. 영어에서 미래시제의 대부분은 동사의 굴절에 의해서 표현되는 것이 아니라, 법조동사에 의해서 의미가 전달된다. 예를 들면, 영어에서 will과 그 과거인 would는 대표적인 법조동사인데, 그 근본적인 의미는 "자신의 의지로 행동하고, 바라고, 원하고, 그래서 어떤 일을 하기를 주장한다."이다(Allan, 2001: 358). 그런데 경우에 따라서, will 대신에 must, have to, are to 등이 쓰일 수 있다.

다른 예로서, 가능성을 의미하는 법조동사는 can, could, may, might인데, 그 의미는 가능성 이외에 매우 다양하다. 또한 법조동사로서 may가 있는데, 이것의 근본 뜻은 "행위자가 A를 할 힘이나 권리를 가진다."는 것이다. 법조동사인 can, could, may, might는 의무적인 사용이 있는데, "행위자가 A를 하도록 허락받았거나(permitted to do A) A를 하는 것을 금지당했다(prohibited from doing A)."를 뜻한다(Allan, 2001: 361). 허용하는지 금지하는지는 문맥에서 결정된다. 이밖에도 영어의 완료 시상이 완료, 경험, 계속, 결과와 같은 다양한 시간 표현으로 혼용되어 사용되고 있다는 점은 널리 알려져 있는 일반적인 사실이다.

한편, 한국어의 시제와 시상을 논의한 선행 논문들을 살펴보면, 한국어의 시제와 시상 어미는 매우 다양한 반면에, 이들 시제와 시상 어미들을 명확하게 구별하여 사용해야만 한다. 이러한 관점에서, 한국어의 어미가 시제만 나타내는 것이 아니라 양태와 서법 등도 나타내고 있으며(김천학, 2007), 또한 관형절의 어미도 시제를 비롯하여 양태와 서법 등을 나타내고 있음에 주목할 필요가 있다(배진영, 2005). 한국어에서는 영어의 법조동사가 나타내는 가정, 의문, 평서, 명령 등의 모든 양상과 다양한 서법을 동사나 관형구 내지 관형절의 어미를 변화시킴으로써 나타낼 수 있다고 보고 있음이 공통적이다.

따라서 시간 표현의 영한 번역에 있어서 비등가를 피하는 방향을 논의하기 위해서는, 시간 표현에 있어서 영어의 다의적인 용법과 한국어의 다양한 어미의 명확한 사용을 먼저 이해할 필요가 있다.

5 상태 동사의 존재와 비존재

영어에서는 동사를 동작동사와 상태동사로 구분하여 진행 시상을 동작동사에서만 사용하지만,[29] 한국어에는 동작동사만 있으며 영어의 상태

---

[29] 영어에서 Aspect에 의한 동사의 구분(English Verb Class)은 학술적으로 다양하다. '상태동사'와 '동작동사'는 States(상태: know, have), Activities(동작: march, paint), Accomplishments(destroy), Achievements(notice, win)와 같은 Aspect에 의한 동사의 일반적인 구분에 따른 표현인데, 영어에서는 States와 Achievements를 진행 시상(progressive aspect)으로 쓰지 않는 것이 원칙이다. 이와 관련하여, 올슨은 영어의 Aspect를 Lexical

동사에 해당하는 동사가 없는 것이 특징적이다. 따라서 한국어에서 영어의 상태동사에 해당하는 동사의 의미를 나타내기 위해서는, 형용사와 일부 명사의 어간에 '-하다(명사 뒤에 붙어 동사를 만드는 접미사), '-다, '-고 있다(조사 '-고'와 동사 '있다'를 결합시킨) 등을 덧붙여 합성동사(compound verb)를 만들어서 사용한다.[30]

(S-1) She is pretty.

(S-2) I know him.

(S-3) I need much time.

(S-4) I want my free time.

(T-1) 그녀는 예쁘다.

(T-2) 나는 그를 알고 있다.

(T-3) 나는 더 많은 시간이 필요하다.

(T-4) 나는 자유시간을 원한다.

위와 같이, 영어의 상태동사는 한국어에서 형태의 확장이나 합성동사를 만들어서, 즉 동사나 형용사의 어간이나 명사에 어미를 붙여 번역된다.

Aspect와 Grammatical Aspect로 구분하며, Lexical Aspect로서 States, Activities, Accomplishments, Achievements를 제시하였고(Olsen, 1997: 154-159), Grammatical Aspect로서 Perfective Grammatical Aspect와 Imperfective Grammatical Aspect를 제시하였는데(Olsen, 1997: 59-116), Grammatical Aspect는 Tense와 흔히 뒤섞여 쓰이지만 Deictic(화자 기준의 지시 중심)이 아니고, Lexical Aspect와 상호작용하여 Lexical Aspect를 포함하는 시간 표현에 영향을 미친다고 보았다.

[30] 한국어의 서술어는 '용언(동사와 형용사)'의 어간이나 '체언(명사와 대명사)'에 서술형 어미를 연결시켜 구성되는데, 이와 관련하여 다양한 분석이 한국어 학계에 있지만, 영어와 연관시켜 볼 때, 한국어의 용언은 동작동사와 형용사(영어의 상태동사에 해당)로 구분된다고 볼 수 있다.

(S-1)에서 영어의 대표적 상태동사인 'be'가 쓰인 'be pretty'에서 'be'는, (T-1)과 같이 형용사 '예쁘다' 속에 포함되어 번역된다. 한국어의 형용사 '예쁘다'는 'pretty'만 번역한 것이 아니라, 상태동사 'be'까지 포함하고 있다. (S-2)에서 상태동사 'know'는 흔히 '안다'라고 한국어로 번역되지만, 국립국어원의 『표준국어대사전』에 의하면, 한국어에는 '안다'라는 동사가 없다. 그래서 'know'는 한국어 동사 '알다'의 어간(stem) '알-'에 조사 '-고'와 동사 '있다'를 결합시킨 '-고 있다'를 붙여서 '알고 있다'로 번역해야 한다. (S-3)에 쓰인 상태동사 'need'는 한국어 명사 '필요'에 동사화 접미사 '-하다'를 붙여 '필요하다'로 번역한다. (S-4)에서 쓰인 상태동사 'want'는 한국어 명사 '원'에 동사화 접미사 '-하다'와 현재시제 선어말어미 'ㄴ'을 사이에 넣어 '원한다'로 번역한다. 이들 사례에 의하면, 영어의 상태동사는 한국어의 형용사, 동사, 명사 등과 결합하여 번역되고 있음을 알 수 있다. 이처럼, "한국어 형용사는 동사를 특징짓는 대부분의 활용어미(선어말어미/어말어미)가 직접 부착되어 동사와 동일하게 서술어 기능을 한다."(홍재성, 2002: 131).

영어에서는 상태동사를 진행 시상으로 쓸 수 없으며, 동작동사만 진행 시상으로 쓸 수 있다. 왜냐하면 영어에서 진행 시상은 '끝나지 않은 일시적인 것'을 일반적으로 의미하기 때문에, 지속되는 의미를 가진 다음과 같은 정신적 상태, 정서적 상태, 존재의 상태, 소유, 지각을 의미하는 상태동사들은 진행 시상으로 쓸 수가 없다고 본다.

  * 영어에서 진행 시상을 쓸 수 없는 동사
  · 정신적 상태(mental state: action of the mind):
    know, believe, realize, understand, think, feel, suppose, imagine, doubt,

remember, forget, want, need, desire...

· 정서적 상태(emotional state: feelings):

love, like, hate, prefer, appreciate, fear, envy, mind, care, astonish, surprise...

· 존재의 상태(existing state):

seem, appear, resemble, owe, weigh, be, exist, matter, consist of, contain, include...

· 소유(possession): have, own, possess, belong...

· 지각(sense perceptions): taste, hear, see, smell, sound, feel...

이러한 관점에서, have는 소유('가지다')의 뜻일 때는 진행 시상으로 쓸 수 없지만, '먹다/마시다'의 뜻일 때는 진행 시상이 가능하다. 즉, have가 "She has a house."처럼 상태동사일 때는 "She is having a house." 와 같이 진행 시상으로 사용될 수 없으나, "She is having lunch."처럼 동작동사일 때는 진행 시상으로 사용될 수 있다.

2.3.2 시간포착상 한계

영어와 한국어의 시제와 시상은 동적인 시간 현상을 언어로 포착한 것이다. 이처럼 시간은 언어로 포착되며 시간 현상과 괴리를 일으키게 되는데, 이 괴리로부터 발생하는 시제와 시상의 언어적 한계는 현재의 포괄성(2.3.2.1.), 시제의 분절성(2.3.2.2.), 시상의 함축성(2.3.2.3.)으로 제시될 수 있다.

[1] 현재의 포괄성

시간은 끊임없이 흐르고 있지만, 영어와 한국어에서 상정하는 현재란 과거와 미래를 나누는 시점으로서 그 길이가 분명하지 않고 포괄적이다. 현재 시제는 발화 시점인 지금만을 표시하는 것이 아니라 과거나 미래를 포함하는 의미로서 완료나 진행 시상의 일부 영역도 포함하는 것으로 흔히 사용된다.

(S) The 63 Building stands on the Yeouido.
(T) 63빌딩이 여의도에 서 있다.

위의 영어 예문 (S)에서, "The 63 Building stands on the Yeouido."라는 문장은 지금 "63빌딩이 여의도에 있다."는 발화 시점의 상황을 나타낼 뿐만 아니라, "63빌딩이 과거에도 여의도에 있었고, 미래에도 여의도에 있을 것이다."라는 의미까지도 포함하고 있다. 한국어 예문 (T)도 마찬가지 의미이다. "63빌딩이 여의도에 서 있다."라는 문장은 어느 정도 과거와 미래를 포함하는 내용이다.

이처럼 현재 시제는 지금 지각하고 있는 한 순간의 시점만을 지칭하는 것이 아니라 과거와 미래를 포함하는 시상의 의미도 갖는 경우가 많다. 현재는 '지금, 이 순간'만을 나타내는 것이 아니라, '언제나, 늘'을 나타내는 완료 시상의 의미를 일부 내포하고 있다.

이런 견지에서, "She is kind.(그 여자는 친절하다.)"라고 말할 때, 그녀는 지금 이 순간에만 친절하다는 의미가 아니며, 마찬가지로 "I love you.(저는 당신을 사랑합니다.)"라고 말할 때, 나는 당신을 어제도, 오늘도, 내일도 사랑한다는 것을 의미할 수 있다.

마찬가지로, "The sun rises in the east.(해는 동쪽에서 떠오른다.)"라는 말은 태양이 100년 전은 물론이거니와 미래에도 동쪽에서 떠오른다는 불변의 진리를 나타낸다.

이러한 관점에서 보면, 현재 진행 시상으로 쓰인 "What are you doing?"과 단순 현재 시제로 쓰인 "What do you do?"의 의미는 차이가 난다. 진행 시상을 밝힌 "What are you doing?"은 말 그대로 "지금 뭐 하고 있어?"란 한정된 의미만 갖지만, 현재 시제로 쓰인 "what do you do?"는 "늘 하는 일이 뭐야?", 즉 "뭐하고 지내니?"란 완료 시상의 계속적 용법의 의미를 나타낸다.

그러하기에 "I watch TV to get some rest."는 "나는 휴식을 취하기 위해 종종 TV를 본다."는 의미가 되지만, 진행 시상을 밝힌 "I am watching TV to get some rest."는 "나는 휴식을 취하기 위해 잠시 TV를 본다."는 의미를 나타낸다.

마찬가지로, "Tom can't be singing. He had a throat operation last week."는 "톰이 노래를 부르고 있을 리가 없어. 지난주에 목 수술을 받았거든."이란 의미이지만, "Tom can't sing, though he thinks he can."은 "톰은 노래를 부를 수가 없어. 그러나 그는 부를 수 있다고 생각해."라는 의미이다(Allan, 2001: 367 참고).

이와 같은 현재 시제의 포괄성으로 인하여, 과거 시제와 미래 시제를 현재 시제로 표현하는 경우가 있다(Binnick, 1991: 8). 즉, "The expedition leaves next Wednesday.(탐험대가 다음 주 수요일에 출발한다.)"는 미래 내용이지만 go, come, start, leave 동사의 특성상 현재 시제로 쓰고, "Hannibal surprises his enemies by crossing the Alps.(한니발은 알프스 산맥을 넘어가 적을 기습하였다.)"는 역사적 현재(historical present)이기에 현재 시제로 쓸 수 있다.

또한 미래를 가리키는 시간부사절과 조건부사절도 현재 시제로 쓴다. 예를 들면, "I'll call you when he comes back."에서 when 이하가 시간부사절인데, 분명히 그 사람이 돌아오는 것은 미래의 일이지만 현재 시제로 쓴다. 이와 마찬가지로, "I'll meet you there if it's fine tomorrow."에서는 if 이하의 조건부사절을 미래 시제 대신에 현재 시제로 써주어야만 한다.

한편, 이미 계획이 잡혀 있는 가까운 미래는 현재진행 시상으로 나타낼 수 있다. 예를 들면, "What are you doing tonight?"이나 "I'm seeing Tom on Saturday."와 같은 문장에서는 이미 계획이 잡혀 있는 상태로 어느 정도 확정이 된 가까운 미래를 나타낸다. 이와 비슷한 용법으로서 "be going to"가 있다. 이 표현 역시 이미 계획이 잡혀 있는 가까운 미래를 나타낼 때 사용하거나, 다음의 예와 같이 사람의 힘으로는 어떻게 할 수 없는 경우를 나타낼 때 쓰인다. "She's going to have a baby next month."(다음 달이 출산 예정이야.); "Look at the sky. It's going to rain."(하늘 좀 봐. 비가 오겠어.). 이러한 용법은 한국어에도 있다. 한국어에서는 확정된 미래의 일정을 소개하면서 결코 미래형 선어말어미 '-겠-'을 쓰지 않는다. "나는 내일 철수를 만날 것이다." 혹은 "나는 내일 철수를 만난다."라고 표현하여 현재 시제로써 이미 계획이 잡혀 있는 가까운 미래를 나타낸다.

이밖에도 주절의 시제와 현재 발화 시점에의 한정 여부와 상관없이 현재 시제를 쓰는 다음과 같은 사례도 있다.

· 주절의 시제에 상관없이 현재를 쓰는 사례
1. 일반적 진리
(S-1) We learned, "The earth moves round the sun."
(S-2) We learned that the earth moves round the sun.

2. 현재의 습관

(S-3) He said, "I go to church every Sunday."

(S-4) He said that he goes to church every Sunday.

위의 예문에서 직접화법으로 쓰인 (S-1)과 (S-3)에서 주절은 모두 과거 시
제이고 종속절은 모두 현재 시제이지만, 이를 간접화법으로 바꿀 때 (S-2)
와 (S-4)처럼 종속절을 그대로 현재 시제로 써주어야 한다. 종속절의 내용
이 주절의 시제와 상관없이 현재로 써야만 하는 일반적 진리와 현재의 습
관을 나타내고 있기 때문이다. 이와 같이 주절의 시제와 상관없이 종속절
을 현재 시제로 써야만 하는 용법은 한국어에서도 대체로 그대로 적용되
고 있다.

[2] 시제의 분절성

시제는 시간을 구분하는 언어적 용법인데, 오늘날과 같은 정교한 시
제 구분이 없었던 시기가 있었다. 고대 그리스(Ancient Greek), 호주의 마
오리 족(Maori), 트리크(Trique: 멕시코 서부 지방의 원주민) 같은 문화에
서는 "올 봄은 전에 있었던 봄이고, 다른 것은 아니다."라는 식으로 하나
의 시제로써 현재와 과거를 모두 표현하였다. 이러한 시간관은 과거와 현
재가 모두 사실(reality)에 근거하고 있다는 측면에서 나름대로 설득력을
가질 수가 있다(Allan, 2001: 357). 마찬가지로 로버트 비닉(Robert I.
Binnick)은 "인도 유럽 어족을 되돌아보면, 동사의 변화 측면에서 많은 언
어들이 시제를 갖고 있지 않았다."고 하였고(1991: 8), 컴리는 "많은 문화
에서 사람들이 진행에 대한 어떠한 개념화를 결핍하고 있는 것이 사실이
다."라고 강조하였다(1985: 4).

언어학이 발전하면서 시제의 구분은 체계화되었다. 그 대표적인 학자로서 컴리는 발화 시점을 기준으로 잡고 그 전과 후를 구분하거나, 과거-현재-미래 세 가지로 나누는 구분을 절대 시제라 하였고(1985: 49), 그 밖의 어떤 시점을 기준으로 잡고 현재 순간을 시제의 한 부분으로 포함시키지 않는 시제를 상대 시제라고 하였다(1985: 36). 이에 따르면, 시제는 선으로 가정된 시간을 특정 시점을 기준으로 나누는 것인데, 이 구분은 오늘날에는 비교적 체계를 잘 갖추고 있으나, 그 구분 방식이 여전히 문화에 따라 다르다. 시간은 전 세계의 모든 사람에게 동일한 방식으로 구분되는 것이 아니라 삶의 구체적인 과정 속에서 문화적으로 인식된다. 사람들은 특정 문화권 속에서 살아가며 하루와 같이 짧은 시간의 변화를 날의 밝음과 어두움을 통해서 인식하며, 긴 시간의 변화는 자녀의 성장, 부모의 노화, 물건의 낡음, 곡식의 파종과 수확, 결혼, 출산, 사망 등과 같은 변화에 의해서 인식한다. 사람들은 구체적인 생활 속에서 살아가며 자기가 사용하는 언어로써 시간을 구분하고 있는 것이다. 이처럼 시제는 특정 언어가 갖추고 있는 시간에 대한 고유한 체계이고, 특정 언어를 공유하는 사람들의 시간 구분에 대한 문화적 약속이며, 이에 근거한 학술적 주장이라고 볼 수 있다. 영어에서 시제를 2시제부터 12시제까지로 구분한 다양한 주장들 역시 시간과 시제의 관계를 체계화시켜 놓은 영어 문화권의 시간관이며, 한국어에서 시제를 현재, 과거, 대과거, 미래 네 가지로 나누는 관점 역시 한국어 문화권의 한 가지 시간관이라고 볼 수 있다. 그런 까닭에 영어가 포함된 인도 유럽 어족에 속하는 언어들의 시제와 시상도 서로 일치하지 않는다. 예를 들면, 영어의 어휘에 가장 크고 오래 영향을 미친 인도 유럽어 이태리어 그룹에 속하는 프랑스어에는 영어에 없는 반과거[31]

등과 같은 시간 표현 방식이 있다.

따라서 시간 표현에 대한 번역을 하기 위해서는, SL과 TL에서 각각 소통되는 시제의 분절성부터 이해할 필요가 있다. 시제는 시간이 아니라 시간에 대한 문화적인 구분 방식인 것이다. 그러하기 때문에 각각의 언어에서 기술된 시제를 비등가를 피해 번역하기 위해서는, SL 문화권에서 통용되는 시제 구분과 TL 문화권에서 사용되는 시제 구분의 차이를 번역에서 명확히 반영해줄 필요가 있다.

[3] 시상의 함축성

'현재-과거-미래' 혹은 '과거-비과거' 등으로 구분되는 시제가 시간의 흐름 선상에서 어떤 일이 일어난 시간적 위치를 지정해주는 기능을 한다면, '완료-비완료(진행 포함)'와 같은 시상은 그 일이 일어난 세부적인 모습을 나타내는 기능을 한다. 즉, 시상은 시간의 흐름 속에서 동사의 의미가 전개되는 방식, 즉 사건이나 상황의 개시, 진행, 종료, 완성, 습관, 반복 등을 다양하게 나타낸다. 시제가 발화 시점(현재)을 기준으로 시간을 구분하는 용법이라면, 시상은 문장의 내적 양상을 구체적으로 나타내는 용법으로서 그 대표적인 양상이 '완료'와 '미완료'라는 것이 선행 연구의 공통된 지적이다.

따라서 시제가 발화 시점을 기준으로 시간을 현재, 과거, 미래로 이어지는 선상에서 포착한 상태에서, 시상은 그 구체적인 내용을 섬세하

---

[31] 프랑스어의 과거시제 유형에는 세 가지, 즉 '단순과거', '복합과거', '반과거'가 있는데, 이 가운데 '반과거'는 과거에 완료되지 않은 진행 중인 행동이나 사건을 표현하는 시제이고, 영어의 과거진행 시상과 유사하지만, 영어의 과거시제처럼 과거의 습관이나 반복적인 일을 나타내기도 하는 프랑스어에 고유한 시제이다.

게 나타내는 기능을 담당하며, 언어의 발전 속에서 다양한 시상을 체계적으로 추가해왔다고 볼 수 있다. 시제로써 시간의 윤곽과 구도를 직선적으로 잡아낸 후, 시상으로써 보다 구체적으로 표현하는 방식이라고 하겠다. 이런 관점에서 컴리는 시상을 "어떤 상황의 내부적 구조"라고 설명하였다(1976: 6). 시상이란 시간과는 직접적으로 상관없지만, 문장이나 말에서 언급된 사건이나 상황들이 내부적으로 관련된 시간 현상의 구체적인 모습을 함축적으로 나타내는 용법이라는 것이다. 이런 연유에서 시상으로 표현된 문장은 시제만으로 쓰인 문장보다 많은 의미를 간직한다.

    (S-1) She went to Japan.
    (S-1') She has gone to Japan.

위의 예문 (S-1)에서 단순 과거 시제로 쓰인 "She went to Japan."은 과거에 "그녀가 일본에 갔다."라는 한정된 의미만 전달하여, 그녀가 지금 일본에 있는지 없는지를 알 수가 없다. 하지만 현재완료 시상으로 표현된 예문 (S-1')의 "She has gone to Japan."은 그녀가 과거에 일본에 가서 지금도 일본에 있음을 나타낸다. 다시 말해서, 예문 (S-1')는 "그녀가 일본에 아직도 있다."는 의미이고, 아울러 "그녀가 일본에 가서 아직도 머무르고 있다."는 의미를 함축하고 있으며, 과거의 한 시점으로부터 계속되고 있는 미완성 동작이나 상황까지도 간직하고 있다. 이와 같은 맥락에서, 진행 시상은 어떤 순간을 기준으로 그 전후에 어떤 행위가 지속되고 있음을 나타낸다.

    (S-2) He plays the piano.

(S-2') He is playing the piano.

위의 예문 (S-2')는 진행 시상이기 때문에, "그가 지금 피아노를 연주하고 있다."는 것을 나타내지만, 단순 현재 시제로만 쓰인 (S-2)는 "그가 피아노를 연주한다."와 같이 일상적인 내용을 나타낸다. 이처럼 평소와 다름없이 반복하는 행동은 단순 시제로 쓰고, 지금이나 요즈음 하고 있는 행동은 진행 시상으로 쓴다. 이런 견지에서, "Tom reads comic books every night."는 단순 현재 시제로 써야만 하고, "John is sleeping now, so he can't answer the phone."은 진행 시상으로 써야 시간 표현상 올바른 문장이다. 과거와 과거 진행의 경우도 마찬가지다. 따라서 시상이 쓰인 영어 문장은 직역을 하기보다는 발화 시간의 상황에 맞게 문장의 내적 양상이 표현되도록 의역을 할 필요가 있다.

이상의 내용을 종합하면, 시상은 시간 그 자체가 아님을 알 수 있다. 시상은 비시간적이며 묘사적인 특징을 지니고 있다. 시상은 시간 현상의 본래 모습이라기보다는, ST의 저자가 주관적으로 인식한 시간의 모습을 구체적으로 나타내는 시간 표현 방식이다. 이와 같은 ST의 시상을 번역사가 '단어 대 단어'로 단순하게 직역을 할 경우에, TT는 원저자가 본 시간 현상으로부터 멀어질 가능성이 있다. 왜냐하면 영어의 시상은 한국어로 명확하게 번역되기 힘든 경우가 있기 때문이다. 이런 이유에서 영한 번역사는 ST에 기술된 시간 양상을 원저자가 묘사하고자 하는 시간 현상에 비추어, SL 문화와 TL 문화를 동시에 고려하여, ST의 상황에 맞으면서도 TT의 독자가 이해하기 쉽게 번역을 할 필요가 있다. 번역사는 원저자의 입장에서 ST에 함축되어 있는 시간 현상을, SL에서 통용되는 방식으로 파악하여, TL문화와 TT독자를 고려하며 시상을 번역해야 한다.

3.

시간 표현의 번역

3.1 시간 번역의 기준

시간 현상은 직역, 즉 단어 대 단어 번역이나 문장 대 문장 번역만으로는 ST의 의미를 제대로 살리지 못하는 경우가 흔히 있다. 화학의 원소 기호인 물(H_2O) 분자를 수소와 산소 원자로 분해하면 물의 성질을 잃어버리는 것과 마찬가지로, ST를 어휘나 문장의 단위로 단순화시키면 TL 언어와 문화 속에서 ST는 본래 의미를 상실할 수 있다.

이런 경우에, 번역사는 시간 현상을 기준으로 삼고 TL 문화를 고려하여 비등가를 줄이는 방향을 번역의 기준으로 삼을 필요가 있다. 다시 말해서, 번역사는 독자의 입장에서 관찰 가능하고 이해 가능한 시간 현상을 기준으로 비등가를 줄이는 방향에서 과감하게 의역을 시도할 필요가 있다. 이때, ST와 TT의 시간 표현과 원저자와 번역사의 입장에서 관찰 가능한 시간 현상이 모두 일치하는 번역이 가장 바람직하겠지만, 영어와 한국어의 시제와 시상은 앞에서 살펴본 것처럼 '현재의 포괄성', '시제의 분절성', '시상의 함축성'에서 괴리가 있기 때문에 두 언어 사이에서 만족스런 번역을 달성하기란 쉽지 않은 일이다.

번역사는 먼저 자신이 번역하는 SL과 TL의 언어와 문화의 특징을 모두 잘 파악하고 있어야 한다. 또한 ST의 문맥과 배경, ST가 SL 원어민 속에서 차지하는 문화적 내용 등도 파악할 필요가 있다. 이런 관점에서, 번역사는 추상적인 언어를 직역으로 단순히 옮겨주는 사람이 아니며, 담화 수준에서 실제 시간 현상을 다루어야만 한다. 이것은 핌(Pym, 1993: 14)이 기대했던 이른바 '생각하는 번역사'(thinking translator)가 되어야 하는 것이다.

이런 견지에서 번역사는 번역에 앞서 "ST를 쓴 저자가 누구인지?", "ST를 쓴 저자가 어떤 문화권에서, 언제 살고 있었는지?", "저자가 누구를 위하여 ST를 썼는지?", "저자가 어떤 상황에서 ST를 썼는지?", "저자가 어떤 목적으로 ST를 썼는지?", "ST의 주된 독자층은 누구였는지?", "SL과 TL의 언어구조적 차이가 무엇인지?", "ST에 쓰인 문화적 어휘의 비등가를 줄여, 수용성이 높은 TT로 번역하기 위해서 TL에서 어떤 문화적 어휘를 선택해야 하는지?" 등을 세심하게 고려해야 한다.

번역이 '원전에 숨겨져 있는 특질을 드러내주는 역할'(이종일, 2001: 223)을 하기 위해서, 번역사는 번역에 착수하기 전에 이런 사항을 진지하게 검토해야 한다. 비아지오(Viaggio, 1994: 104)가 지적했듯이, 번역사는 의사소통의 목적을 달성하는 TT를 생산하는 것에 그치지 않고, 그러한 TT를 제시한 논리, 즉 텍스트 생성의 배경을 파악하고 있어야 한다. 또한, 번역물은 TL의 문화에서 통용되는 완성된 텍스트 생산물의 모든 문화적 및 언어적 관습을 반영해야 한다.

따라서 시간 현상에 대한 번역에 있어서 의역이 불가피하지만, 번역사의 재량에는 한도가 있다. 번역사는 저자가 표현한 시간 현상을 직역하기 힘들 경우에 한하여, 독자에게 ST의 의미가 전달되도록 의미 대 의미의 측면에서 의역을 해야 한다. TT의 시간 표현은 ST의 의미를 잃지 말아야 하며, ST의 시간 표현이 TT에서 적절히 번역될 수 있는 품사를 찾는 노력도 기울여야 하고, ST의 시간 표현에 있는 시상의 다의성, 관용구, 은유 등을 TT에서도 가능한 살려주어야 바람직하다. 아울러 ST에 표현된 다양한 문체까지도 TT에서 살려줄 수 있는 문학적 표현력을 지니고 있어야 한다.

이런 견지에서 번역사는 SL과 TL의 언어와 문화에 대한 이해를 바탕으로 ST에 표현된 시간 현상을 기준으로 삼아, TL에서 표현될 수 있는 최적의 표현을 찾아내는 능력을 지니고 있어야 한다. SL과 TL 및 그 양쪽 문화에 해박하지 못한 번역사는 한 쪽으로 치우친 번역을 할 수밖에 없기에, 자신도 모르게 시간 번역의 비등가를 일으킬 수 있다. 이런 관점에서 번역사는 SL과 TL에 대한 언어적 문화적 이해를 바탕으로, ST에서 나타내고자 했던 시간 현상의 본뜻을 살려가며 ST의 시간 현상을 TL로 다시 쓰는 작가라는 인식이 필요하다.

한편 등가에 대한 아주 다양한 개념과 이론이 있음을 고려할 때,[32] 번역사가 등가의 모든 개념을 만족시키는 번역을 하는 것은 현실적으로 불가능하다. 따라서 번역사는 시간 현상이 SL과 TL 사용자 모두에게 동일한 현상이라는 사실에 주목하여, 시간 현상을 기준으로 번역의 비등가를 줄이고 등가에 접근하는 노력을 기울일 필요가 있다.

3.2 시간 번역의 방법

"어떤 번역이 좋은 번역인가?"에 대한 의견과 이론은 관점에 따라서 다르다. 전통적인 관점, 언어학적 관점, 해석학적 관점, 포스트구조주의적 관점, 문화적 관점, 저자의 관점, 독자의 관점, 개별 학자의 관점에 따라서, 좋은 번역에 대한 매우 다양한 의견이 오랜 번역사를 통해서 주장되어 왔다.

그러나 이 책에서는 시간 현상은 누구나 관찰할 수 있는 일반적인 현상이며, 다만 영어와 한국어에서 시간 현상을 언어로 포착하여 표현하는

---

[32] 등가의 유형은 매우 다양하다. 실세계에서 동일한 사물을 지시하는 지시적(referential) 혹은 외연적(denotative) 등가, 두 언어의 원어민 마음속에 동일하거나 유사한 연상을 일으키는 내포적(connotative) 등가, ST와 TT의 단어가 동일하거나 유사한 문맥에서 사용되는 텍스트-규범적(text-normative) 등가, SL과 TL 독자들에게 동일한 영향을 각각 미치는 화용론적(pragmatic) 또는 역동적(dynamic) 등가, 유사한 정서법이나 음운론적 자질을 가진 형식적(formal) 등가, ST와 TT의 정보 흐름과 텍스트 장치가 수행한 유사성을 논의하는 텍스트적(textual) 등가, 번역 과정에서 모든 변수는 항상 타당성이 있는 것이 아니기 때문에 번역사는 우선 취급되어야 할 것을 결정하지 않으면 안 된다는 측면에서 제시된 기능적(functional) 등가, 단 하나의 SL 표현에 대해 하나의 TL 표현이 있는 경우 '일 대 일(one-to-one)' 등가, 단 하나의 SL 표현에 대해 하나 이상의 TL 표현이 있는 경우 '일 대 다수(one-to-many)' 등가, 하나의 SL 표현에 대해 지시되는 개념의 일부분을 나타내는 TL 표현이 있는 '일 대 부분(one-to-part-of-one)' 등가, SL 표현에 대해 TL 표현이 없는 '영(nil) 등가' 등이 있다(Baker, 1998: 77-78).

방식이 다른 점에 주목하였다. 시간 번역의 비등가 원인과 사례에서 살펴본 것처럼(2.3. 참조), 영어와 한국어는 '시제와 시상의 연결 순서', '시제와 시상의 결합 요소', '시제와 시상의 표현 방식' 측면에서 언어학적으로 크게 차이가 난다.

이러한 차이를 고려하여, 이 책에서는 시간에 대한 바람직한 영한 번역이 ST의 시간 표현 용어를 충실하게 TT로 옮겨주는 직역에만 의존하기보다는 문장 전체 또는 문단 전체의 시간 표현 의미에 중점을 두고 융통성 있게 옮겨주는 의역이 필요하다는 점을 강조하고자 한다.

다른 어떤 부문에서보다도 특히 시간 표현에 대한 영한 번역에서는 의역이 성공의 관건이라 할 만큼 중요하다. 의역이란 "ST 어법의 완전한 보존보다 자연스럽게 읽을 수 있는 TT를 생산하는 데 더 큰 관심을 가진 번역 유형"(Shuttleworth, M. and Cowie, M, 1997: 62)을 가리킨다. 이 책에서 시간 표현에 대한 영한 번역 방법으로 제시한 의역이란 용어를 스넬혼비(Snell-Hornby, 1995: 9)의 표현을 빌려 설명하면, "단어 대 단어"에 얽매이지 않는 "의미 대 의미"의 번역을 말한다. 영한 시간 번역에 있어서 번역사는 원저자가 ST에서 표현하고자 했던 시간의 의미를 결코 놓쳐선 안 되며 그 의미를 독자에게 전해주는 것이 무엇보다도 중요하다.

이런 뜻에서 시간에 대한 영한 번역에 있어서 의역에 앞서 직역을 먼저 시도해볼 필요가 종종 있다. 시간은 일반적인 시간 현상을 기준으로 하기 때문에, ST가 단문일 경우에는 직역을 먼저 시도해보는 것이 바람직하다. ST가 여러 문장으로 이어져 있거나 종속절이 있을 경우에도, 주절의 서술어에서는 직역을 먼저 시도해볼 수 있다. 다만, 한국어에서는 문장이 연결되거나 종속절이 있을 경우에, 시제 일치를 지킨 직역이 어색한 표현으로 간주되고, 주절의 서술어에서만 시제와 시상을 정확하게 나타내주는 시제 불일치의 경향이 있기 때문에, 직역 이후에 문맥에 맞게 약간의 변형을 가미할 필요가 있다.

따라서 이 책에서는 명사 · 대명사 · 형용사 등과 같이 개별 언어와 문화의 영향을 크게 받는 여타의 품사들과는 달리, 시간 현상에 대응하는 시제와 시상은 비등가를 줄이는 번역이 가능하며 또한 필요하다고 보았다. 시간 현상은 ST의 원저자와 번역사 및 독자에게 모두 객관적으로 관찰될 수 있기 때문이다. 비등가를 줄이는 시간 번역을 할 때, 직역을 먼저 시도해야 하겠지만, 직역으로써 ST의 시제와 시상을 제대로 옮길 수 없을 경우에는 주절의 서술어마저도 '통사론적 번역 전략: 품사 전환 번역'과 '화용론적 번역 전략: 맥락 활용 번역'을 통해 경우에 따라서는 과감한 의역을 시도할 필요가 있다.

3.3 시간 번역의 단계

시간 표현에 대한 영한 번역의 비등가 원인을 살펴보면(2.3. 참조), 영어 동사의 시제와 시상을 직역으로써 한국어의 동사로 번역하기 힘든 경우가 있다. 이러한 경우에, 시간 표현 번역의 비등가를 줄이기 위한 의역이 불가피하다. 즉, 시간 표현에 대한 영한 번역을 할 때 비등가가 일어날 경우, 그 원인에 대응하여 번역의 비등가를 줄이기 위한 주요 전략으로서 '통사론적 번역 전략인 품사 전환 번역'과 '화용론적 번역 전략인 맥락 활용 번역'이 다음의 <표 10>이 보여주는 것과 같이 각각 사용될 수 있다.

〈표 10〉 영한 시간 번역 비등가 원인에 따른 등가 제고 전략

비등가 원인	등가 전략
· SL과 TL에서 시간을 언어화 하는 방식의 차이 1) 시간의 언어화 단위의 차이 2) 시간의 언어화 방법의 차이 3) 시간의 언어화 단위에 중복되는 기능의 차이 4) 시간부사 기능과 의미의 차이	통사론적 번역 전략: 품사 전환 번역
· SL과 TL의 시제 및 시상과 시간 현상과의 차이 (SL과 TL 시간 표현의 언어적 한계) 1) 현재의 포괄성 2) 시제의 분절성 3) 시상의 함축성 · SL과 TL 시제와 시상 사이의 문화적 차이 · ST 저자의 필체와 인식의 배경	화용론적 번역 전략: 맥락 활용 번역 (맥락 활용 번역시, 품사 전환 번역이 함께 적용되는 경우가 자주 있음)

위의 <표 10>에 제시된 '품사 전환 번역'과 '맥락 활용 번역'은 문장의 길이가 짧아 시제와 시상의 직역이 가능한 단문에서는 적용할 필요가 없다. 그렇지만 ST의 문장이 길거나, ST에 기술된 시제와 시상이 복잡할수록, '품사 전환 번역'과 '맥락 활용 번역'을 다음의 <표 11>에서와 같이 단계적으로 사용할 필요가 있다.

〈표 11〉 영한 시간 번역의 단계별 내용과 번역 전략

단계	내 용	번역 전략
1단계	· ST가 단문일 때: 'ST 동사의 시제와 시상'을 'TT 동사의 어미'에 직역	직역 (동사로 번역)
2단계	· 1단계에서 번역된 국문 시간 표현이 한국어답지 못하거나, ST의 문장이 길 때: SL과 TL의 시간 언어화 방식의 차이를 반영한 의역 - 시간의 언어화 단위의 차이를 반영 - 시간의 언어화 방법의 차이를 반영 - 시간의 언어화 단위에 중복된 기능의 차이를 반영 - 시간부사 기능과 의미의 차이를 반영	품사 전환 번역 (동사가 아니라 시간부사, 명사, 형용사, 의존형태소 등에서 시제와 시상을 번역)
3단계	· 2단계에서 번역된 국문 시간 표현이 한국어답지 못하거나, ST가 두 문장 이상인 경우: 1) SL과 TL의 시제/시상과 시간 현상과의 차이를 반영한 의역 - 현재의 포괄성을 반영 - 시제의 분절성을 반영 - 시상의 함축성을 반영 2) SL과 TL 시제와 시상의 문화적 차이를 반영한 의역 3) ST 저자의 문체와 인식의 배경을 반영한 의역	맥락 활용 번역 (문장의 심층구조를 활용하는 번역. 맥락 활용 번역 시, 품사 전환 번역이 함께 적용되는 경우가 자주 있음)

위의 표에서 통사론적 번역 전략인 품사 전환 번역은 영어의 시제와 시상을 한국어의 동사가 아니라 시간부사, 명사, 형용사, 의존형태소 등으로 바꾸어 번역하는 것을 말한다. 한편, 화용론적 번역 전략인 맥락 활용 번역은 ST 구문의 심층 구조를 활용하는 번역을 말하는데, 영어 문장들이 연결되어 시제와 시상이 섞여 있는 경우에는 ST의 어순에 맞고 TT 문맥에 맞게 번역해주기 위해서, 즉 "영어와 한국어의 구문론적 차이를 극복하는 순차 번역"(성백환, 1998: 179)을 하기 위해서, ST의 시제와 시상을 TT에서 심층적으로 번역해주는 맥락 활용 전략을 사용할 필요가 있다.

3.4 시간 번역의 전략

3.4.1 통사론적 번역 전략

시간 표현에 대한 영한 번역에서 비등가를 피하고 등가를 높이는 번역을 하기란 결코 쉬운 일이 아니다. 영어와 한국어는 통사론 측면에서 시제와 시상의 문법 체계가 다르고, 시제와 시상을 나타내는 단어의 의미와 용법도 다르기 때문이다. 이와 관련하여, 김도훈은 「문화소의 부등성 극복을 위한 번역 전략」에서 영한 번역에 있어서 문화소의 중요성과 그 기능 및 효과를 분석하여 제시하였다(2006: 106). 또한 모나 베이커(Mona Baker)의 '단어 차원의 등가에 대한 설명에 따르면(곽은주 외 역, 2005: 28-36), ST를 TT로 번역할 때 비등가는 "문화상 특수한 개념," "TL에 어휘화되어 있지 않은 SL 개념," "의미적으로 복잡한 SL 단어," "의미 차이가 있는 SL과 TL," "상위어가 없는 TL," "구체적 용어(하위어)가 없는 TL," "문화적 관점과 개인적 관점의 차이," "표현적 의미의 차이," "형태적 차이," "구체적 형태의 사용 빈도와 목적에 따른 차이," "SL에 사용된 차용어" 등 때문에 일어날 수 있다. 이러한 비등가가 일어날 경우, 단어 차원에서 ST와 TT의 번역 등가를 얻기는 매우 힘들다. SL에 있는 어휘에 상응하는 TL의 어휘가 없기 때문이다.

그러나 시간 번역의 비등가를 줄이는 접근은 가능하다. 비록 ST의 동사에서 표현된 시간 현상이 TT의 동사로 직역되기 힘들지라도, ST에서 표현된 시간 현상을 나타낼 수 있는 적절한 그 밖의 품사를 TL에서 선택하여 시간 표현에 대한 번역의 비등가를 줄여 주면, 시간 표현 번역의 수용성을 높일 수 있을 것이다.

구체적으로 영어에서는 표현하고자 하는 시제와 시상에 적합하게 동사를 변화시키고 법조동사를 선택함으로써 동사(구)에서 현재, 과거, 미래 시제와 완료 및 진행 시상을 나타내지만, 한국어에서는 영문 ST에서 표현된 시제와 시상에 적합한 어미를 선택하여 동사, 관형사절, 부사절을 만들거나 다양한 시간부사를 선택함으로써 시제와 시상을 품사 전환하여 나타낼 수 있다. 한국어에서 "술어는 동사로만 투영되는 것이 아니라 형용사, 그리고 명사(이러한 술어성 명사를 술어명사로 지칭한다)로도 투영될 수 있는 것"이다(홍재성, 2002: 126-127).

특히, 영어의 동사(구)에서 표현되는 시제와 시상이 한국어에서는 본래부터 시간부사로 표현되거나 다른 품사에서 전성된 시간부사(시간부사 어미를 붙여 전성시킨 부사)로 전환될 수 있음이 특징적이다. 이와 관련하여, 민현식(2004)은 한국어에서는 시간부사로써 시간을 표시해 온 전통이 예로부터 있다고 보았다. 그에 따르면, 중세 한국어에는 시간부사 기능이 발달하였으며, "시제 관련 시간부사"에는 "기본시제 시간부사"와 "부차시제 시간부사"가 있었고, "시상 관련 시간부사"에는 "문법상 시간부사"와 "어휘상 시간부사"가 있었다. 이보다 더욱 세밀하게, 서정수(2008)는 현대 한국어의 부사는 다른 나라 말에서 찾아 볼 수 없는 섬세한 특징이 있다고 주장하며, 한국어의 시간부사를 "시점/순간 부사," "시간대/시역 부사," "시작점 부사," "동안 부사," "잦기 부사," "차례 부사," "과정 부사," "까닭 표시 부사('명사구 + -로/-에')," "자격 부사," "상대 부사"와 같은 10가지 유형으로 구분하였다.

더욱이, 앞에 제시된 <표 6>, <표 10>, <표 11>에서 이미 살펴본 것처럼, 영어와 한국어는 시간부사의 기능과 의미에 있어서 차이가 크게 난다. 영어에서는 동사(구)에 시제와 시상이 표시된 상태에서 시간부사(now, then, before, ago, already, just, later, still, soon, yet, late, early 등)가 시간 현상을 보다 명확하게 나타내는 보조적 기능을 하지만, 한국어에서는 시간부사만으로 시제와 시상을 다양하게 나타낼 수 있다.

오히려 한국어에서는 문장 속에서 동사와 시간부사의 시제와 시상이 서로 다를 경우에, 시간부사를 중심으로 시제와 시상을 결정하는 경향이 있다. 한국어 문장에서는 동사가 과거 시제로 쓰였더라도 시간부사가 현재이면 현재 시제의 문장이 되고, 동사가 현재 시제이더라도 시간부사가 과거이면 과거 시제의 문장이 된다. 문장의 동사에 제시된 시제나 시상과 상관없이, 시간부사로써 시제와 시상이 결정되는 한국어 문장들을 예시하면 다음과 같다.

(1) 현재 시간부사가 문장의 시간 표현을 결정한 예문

"나, <u>지금</u> 집에 도착했어(도착하였어)."
"<u>지금</u> 내 표정 어땠니(어떠하였니)?"

· 국립국어원의 『표준국어대사전』에 따르면, 시간부사 '지금'은 "말하는 바로 이때에"만을 의미하기 때문에, 위의 예문들에는 과거 시제 선어말어미 '-였-'이 쓰였지만, 현재 시제가 된다.

(2) 과거 시간부사가 문장의 시간 표현을 결정한 예문

"아버지가 내 성적을 <u>벌써</u> 알아?"

· 시간부사 '벌써'가 "이미 오래 전"을 의미하기 때문에, 위의 예문에서 서술 · 물음 · 명령 · 청유 종결어미 '-어/-아'가 현재 시제로 쓰였지만, 과거 시제가

된다.

(3) 미래 시간부사가 문장의 시간 표현을 결정한 예문

　　"비가 안 오니 <u>올해</u> 농사는 다 지었다."

· 과거 시제 선어말어미 '-었-'이 쓰였을지라도, 시간부사 '올해'가 있기에 위의
　예문은 미래 시제가 된다.

(4) 완료 시상부사가 문장의 시간 표현을 결정한 예문

　　"시간이 흘러 <u>바야흐로</u> 봄이 왔다."

· 시간부사 '바야흐로'가 "이제 한창, 지금 바로"를 의미하기 때문에, '왔다'가
　단순 과거 시제로 쓰였지만, 위의 예문은 영어에서 완료 시상의 완료용법의
　의미를 나타내고 있다.

　　"우리 학교에는 <u>요즈음</u> 독감이 유행입니다."

· 시간부사 '요즈음'이 "바로 얼마 전부터 이제까지의 무렵"을 의미하기 때문
　에, '유행입니다가 단순 현재 시제로 쓰였지만, 위의 예문은 영어에서 완료
　시상의 계속용법의 의미를 나타내고 있다.

(5) 진행 시상부사가 문장의 시간 표현을 결정한 예문

　　"너, <u>여태</u> 게임하니?"

· 시간부사 '여태'가 "지금까지, 아직까지"를 의미하기 때문에, '게임하니'가 단
　순 현재 시제로 쓰였지만, 위의 예문은 영어에서 진행 시상의 의미를 나타내
　고 있다.

"그녀는 <u>잠시</u> 잠을 잤다."

· 시간부사 '잠시'가 "짧은 시간에"를 의미하기 때문에, 위의 예문은 영어에서 진행 시상의 의미를 나타내고 있다고 볼 수 있다.

(6) 완료진행 시상부사가 문장의 시간 표현을 결정한 예문

"나는 <u>가끔</u> 중국어 공부를 한다."

· 시간부사 '가끔'이 "시간적, 공간적 간격이 얼마쯤씩 뜨게"를 의미하기 때문에, '한다'가 단순 현재 시제로 쓰였지만, 위의 예문은 영어에서 완료진행 시상의 의미를 나타내고 있다고 볼 수 있다.

"그녀를 <u>더러</u> 만났습니다."

· 시간부사 '더러'가 "이따금(얼마쯤씩 있다가 가끔)"을 의미하기 때문에, 과거 시제 선어말어미 '-았'이 쓰였지만, 위의 예문은 영어에서 완료진행 시상의 의미를 나타내고 있다고 볼 수 있다.

"우리 <u>이따금</u> 등산 갑시다."

· 시간부사 '이따금'이 "얼마쯤씩 있다가 가끔"을 의미하기 때문에, '갑시다'가 단순 미래 시제로 쓰였지만, 위의 예문은 영어에서 미래 완료진행 시상의 의미를 나타내고 있다고 볼 수 있다.

위의 예문에서 볼 수 있는 것처럼, 한국어에서는 동사의 시간 표현과 상관없이, 시간부사를 중심으로 문장의 시제와 시상을 나타내는 경향이 있다. 그 한 가지 이유는, 한국어가 한자 문화권의 영향을 오래 받은 까닭에,

중국어가 시간부사로써 시제를 나타내는 것처럼, 한국어에서도 시제와 시상을 나타내는 데 있어서 시간부사에 의존하는 경향이 있다고 볼 수 있다.

이상의 내용과 관련하여, 국립국어원의 『표준국어대사전』에 기술된 한국어의 시간부사 의미와 용례를 영어의 '시제' 측면에서 분석하여 제시해 보면, 그 주요 분석 결과는 다음과 같다.

(1) 현재 시간부사

지금: 말하는 바로 이때에
  "나 지금 집에 도착했어."
시방: 지금과 동의어, 옛스런 표현
  "그녀는 시방 공부하고 있네."
이제: 바로 이때에
  "할머니 이제 그만 우세요."
바야흐로: 이제 한창, 지금 바로
  "바야흐로 봄이다."
현재: 지금 이 시점에
  "현재 우리 경제는 불황이다."
요즈음: 바로 얼마 전부터 이제까지의 무렵에
  "요즈음 독감이 유행합니다."
오늘날: 지금 시대에
  "오늘날 그들의 정신 상태는 어떤가?"
오늘: 지금 지나가고 있는 이날에
  "난 오늘 기분이 좋다."

(2) 과거 시간부사

아까: 조금 전에

"아까 제가 너무 경솔했습니다."

접때: 오래지 아니한 과거의 어느 때에

"그는 접때 만난 적이 있는 사람이다."

이미: 다 끝나거나 지난 일을 이를 때 쓰는 말

"이미 때가 늦었다. 그녀는 이미 미국으로 떠났다."

그때: 앞에서 이미 말한 시간상의 어떤 점이나 부분에

"바로 그때, 선생님께서 교실로 들어오셨다."

앞서: 지금보다 앞선 때에

"앞서 말했듯이, 앞서 지적했듯이, 앞서 했듯이"

저제: 지나간 때에

"그는 저제 한 번 만난 적이 있는 사람이다."

이때: 바로 앞에서 이야기한 시간상의 어떤 점이나 부분

"바로 이때, 선생님께서 교실로 들어오셨다."

저번에: 지난번에

"저번에 고향에 잘 갔니?"

이윽고: 얼마 있다가, 또는 얼마쯤 시간이 흐른 뒤에

"이윽고 해가 뜨기 시작했다."

어제: 오늘의 바로 하루 전날에

"그 일은 어제 끝냈다."

(3) 미래 시간부사

이따가: 조금 지난 뒤에

"이따가 갈게. 이따가 얘기하자."

장차: 미래의 어느 때를 나타내는 말

"장차 무엇이 되고 싶니?"

다음번에: 다음에 오는 차례에

"다음번에 꼭 오세요."

내일: 오늘의 바로 다음날에

"내일 다시 시작하자."

(4) 현재/과거 시간부사

벌써: <현재> 예상보다 빠르게 어느새
　"벌써 점심시간이다."
　<과거> 이미 오래 전에
　"난 그 일을 벌써 알고 있었다."
막: <현재> 바로 지금
　"막 출발한다."
　<과거> 바로 그때
　"어머니가 막 음식점을 운명하고 계셨다."
여태: <현재> 지금까지, 아직까지
　"여태 놀고 있니?"
　<과거> 아직까지
　"여태 놀고 있었니?"

(5) 현재/과거/미래 시간부사

방금: <현재> 말하는 시점과 같은 때에
　"비행기가 폭음을 내며 방금 날아가고 있습니다."
　<과거> 말하는 시점보다 조금 전에
　"그 소식을 방금 들었다."
　<미래> 말하는 시점보다 조금 후에
　"방금 주먹질을 할 듯이 코앞에다 삿대질을 해 댄다."
금방: 방금과 동의어
곧: <현재> 때를 넘기지 아니하고 지체 없이
　"잠옷은 아침에 일어나면 곧 갈아입어야 합니다."
　<과거> 때를 넘기지 아니하고 지체 없이
　"할아버지께서 부르시면 곧 달려가야 했다."

<미래> 시간적으로 머지않아

"어머니께서 곧 오실 거야."

끝내: <현재> 끝까지 내내

"그는 진술을 끝내 거부하고 있습니다."

<과거> 끝까지 내내

"그가 누군지 끝내 알 수 없었다."

<미래> 끝까지 내내

"소망을 끝내 이룰 것이다."

위 분석 결과에 따르면, 한국어의 시제 관련 시간부사는 '(1) 현재 시제만을 나타내는 시간부사', '(2) 과거 시제만을 나타내는 시간부사', '(3) 미래 시제만을 나타내는 시간부사', '(4) 현재나 과거 시제만을 나타내는 시간부사', '(5) 현재, 과거, 미래 시제를 모두 나타낼 수 있는 시간부사'와 같은 다섯 가지 범주로 나뉘지만, '현재나 미래 시제만을 나타내는 시간부사'와 '과거나 미래 시제만을 나타내는 시간부사'는 거의 없는 것으로 나타났다. 이 결과에 의하면, 한국어에서 시제 관련 시간부사는 '현재, 과거, 미래 시제를 모두 나타낼 수 있는 시간부사'는 있으나, '현재나 미래' 혹은 '과거나 미래'와 같이 '미래'와 '어느 다른 한 시제'를 나타내는 시간부사는 없는 것으로 보인다.

한편, 국립국어원의 『표준국어대사전』에 기술된 한국어의 시간부사 의미와 용례를 영어의 '시상'(완료시상과 진행시상) 측면에서 분석하여 제시해 보면, 그 주요 분석 결과는 다음과 같다.

(1) 완료 시상 시간부사

① 현재

오늘날: <계속 용법> 지금 시대에

"<u>오늘날</u> 그들의 상태는 어떤가?"

② 과거

금방, 방금: 말하는 시점과 같은 때

"그 일을 <u>방금</u> 끝냈다."

이미: <결과 용법> 다 끝나거나 지난 일을 이를 때 쓰는 말

"그녀는 <u>이미</u> 미국으로 떠났다."

마침내: 드디어 마지막에는, **급기야**와 동의어

<완료 용법> "<u>마침내</u> 숙제를 끝마쳤다."

<경험 용법> "<u>마침내</u> 유럽 배낭여행을 하였다."

<결과 용법> "그는 <u>마침내</u> 미국으로 가버렸다."

드디어: <완료 용법> 무엇으로 말미암아 그 결과로

"<u>드디어</u> 시험이 끝났다."

③ 미래

미래 완료에만 쓰이는 시간부사가 한국어에는 없는 것으로 보임

④ 현재/과거

벌써: <계속 용법> 이미 오래 전

"난 그 일을 <u>벌써</u>(부터) 알고 있다."

"난 그 일을 <u>벌써</u>(부터) 알고 있었다."

⑤ 과거/미래

끝내: <완료 용법> 끝에 가서 드디어

"그 숙제를 <u>끝내</u> 모두 마쳤다."

<완료 용법> 끝에 가서 드디어

"이 숙제를 <u>끝내</u> 모두 마칠 것이다."

⑥ 현재/과거/미래

늘: <계속 용법> 계속하여 언제나

"다시 뵐 때까지 늘 건강하세요."

한동안: <계속 용법> 꽤 오랫동안에

"두 나라 사이에 한동안 전쟁이 지속되었다."

줄곧: <계속 용법> 끊임없이 잇따라

"어제부터 줄곧 너를 기다리고 있었다."

지속적으로: <계속 용법> 어떤 상태가 오래 계속되어서

"한중 양국의 우호관계는 지속적으로 발전해왔다."

계속해서: <계속 용법> 끊이지 않고 이어져서

"비가 3일간 계속해서 내렸다."

(2) 진행 시상 시간부사

① 현재

지금: <진행 용법> 말하는 바로 이때에

"그는 지금 공부하고 있다."

시방: <진행 용법> 말하는 바로 이때에

"그는 시방 공부하고 있네."

② 과거

과거 진행에만 쓰이는 시간부사가 한국어에는 없는 것으로 보임

③ 미래

미래 진행에만 쓰이는 시간부사가 한국어에는 없는 것으로 보임

(3) **완료/진행 시상 시간부사**

① 현재

바야흐로: <완료 용법> 이제 한창, 지금 바로

"<u>바야흐로</u> 봄이 왔다."

<진행 용법> 이제 한창, 지금 바로

"<u>바야흐로</u> 눈이 녹아 낙수가 뚝뚝 떨어지고, 길이 질퍽하다."

요즈음: <계속 용법> 바로 얼마 전부터 이제까지의 무렵에

"우리 학교에는 <u>요즈음</u> 독감이 유행하였습니다."

<진행 용법> 바로 얼마 전부터 이제까지의 무렵에

"<u>요즈음</u> 독감이 유행합니다."

② 과거

접때: <계속 용법> 오래지 아니한 과거의 어느 때

"그 남자는 <u>접때부터</u> 자기를 한 번만 만나 달라고 졸랐다."

<진행 용법> 오래지 아니한 과거의 어느 때에

"나도 <u>접때</u> 영어 수업 시간에 졸았다."

저제: <결과 용법> 지나간 때에

"그는 <u>저제</u> 미국으로 떠났다."

<진행 용법> 지나간 때에

"그는 <u>저제</u> 수업 시간에 졸았다."

③ 미래

미래완료와 미래진행에만 쓰이는 시간부사가 한국어에는 없는 것으로 보임.

④ 현재/과거

이때: <계속 용법> 바로 지금의 때

"너, <u>이때</u>(까지) 속고만 살았나?"

<진행 용법> 바로 앞에서 이야기한 시간상의 어떤 점이나 부분

"그는 <u>이때</u> 잠을 자고 있었다."

막: <완료 용법> 바로 지금

"그녀가 집에 <u>막</u> 도착하였다."

<진행 용법> 바로 그때

"아버지가 막 운명하고 계셨다."

여태: <계속 용법> 지금까지, 아직까지

"여태 일본에서 살고 있니? 여태 공부했어요."

<진행 용법> 지금까지, 아직까지

"여태 게임하고 있니? 여태 자고 있었다."

⑤ 과거/미래

그때: <계속 용법> 앞에서 이미 말한 시간상의 어떤 점이나 부분

"뒷일은 그때까지 걱정하지 않아도 된다."

<진행 용법> 앞에서 이미 말한 시간상의 어떤 시점이나 기간

"그는 그때 잠을 자고 있었다."

⑷ 시제와 무관한 시상 관련 시간부사

가끔: 시간적, 공간적 간격이 얼마쯤씩 뜨게, 유사어 종종

"나는 가끔 술을 마신다."

간간이: 시간적인 사이를 두고서 가끔씩; '間間'에 부사격 조사 '-이'를 붙여 만든
시간부사, 유사어 **이따금, 때대로**

"간간이 기적 소리가 들려 왔다."

간혹: 어쩌다가 띄엄띄엄, 한자 間或(간혹)의 국어 표기

"그의 소식이 간혹 들려온다."

· 기타 용례는 <부록표 35> 참조

이상의 분석 내용을 중심으로 살펴볼 때, 한국어의 시상 관련 시간부
사는 크게 네 가지 범주로 분석된다. 즉, (1) 완료와 진행 시상을 모두 나
타낼 수 있는 시간부사(이 범주는 다시 다섯 가지로 다음과 같이 구분됨:
1) 현재 시제에서만 완료와 진행 시상을 모두 나타낼 수 있는 시간부사,
2) 과거 시제에서만 완료와 진행 시상을 모두 나타낼 수 있는 시간부사,

3) 미래 시제에서만 완료와 진행 시상을 모두 나타낼 수 있는 시간부사, 4) 현재나 과거 시제에서만 완료와 진행 시상을 모두 나타낼 수 있는 시간부사, 5) 과거나 미래 시제에서만 완료와 진행 시상을 모두 나타낼 수 있는 시간부사), (2) 완료 시상만을 나타내는 시간부사(이 범주는 다시 여섯 가지로 다음과 같이 구분됨: 1) 현재 시제에서만 완료 시상을 나타내는 시간부사, 2) 과거 시제에서만 완료 시상을 나타내는 시간부사, 3) 미래 시제에서만 완료 시상을 나타내는 시간부사, 4) 현재나 과거 시제에서만 완료 시상을 나타내는 시간부사, 5) 과거나 미래 시제에서만 완료 시상을 나타내는 시간부사, 6) 시제에 대한 제한 없이 현재 · 과거 · 미래 시제에서 모두 완료 시상을 나타내는 시간부사), (3) 진행 시상만을 나타내는 시간부사(이 범주는 다시 세 가지로 다음과 같이 구분됨: 1) 현재 시제에서만 진행 시상을 나타내는 시간부사, 2) 과거 시제에서만 진행 시상을 나타내는 시간부사, 3) 미래 시제에서만 진행 시상을 나타내는 시간부사), 그리고 마지막으로 (4) 시제와 관련 없이 두루 사용이 가능한 시상 시제부사와 같이 크게 네 가지 범주로 분석된다. 그러나 미래완료나 미래진행에만 쓰이는 시간부사, 미래완료에만 쓰이는 시간부사, 과거진행에만 쓰이는 시간부사, 미래진행에만 쓰이는 시간부사는 거의 없는 것으로 나타났다.

한편, 한국어에서는 다른 말에 기대어 쓰이는 의존 형태소[33]를 비롯하여, 명사, 형용사, 관사[34] 등이 시간을 나타내는 경우도 있는데, 이들 가

---

[33] 의존 형태소는 다른 말에 기대어 쓰이는 형태소, 즉 접사, 조사, 어미 등이다.
[34] 국어학계의 품사 분류에서는 관사를 설정하지 않는 것이 일반적이지만, 이 책은 영한 번역을 다루고 있기에, 영어의 관사를 고려하여 한국어의 '이/그/저'를 관사로 분류할 수 있다고 보았다.

운데 주요 사항의 의미와 용례를 국립국어원의 표준국어대사전에서 찾아 분석해본 결과는 다음과 같다.

(1-1) 시간 표현 관련 명사 (시제 관련)

① 현재

지금: 말하는 바로 이때

　"지금부터 한 시간 동안만 놀자."

시방: 말하는 바로 이때

　"여치와 귀뚜리가 한데 어우러져 시방도 울고 있는 중이다."

이제: 바로 이때

　"입던 옷이 이제는 너무 작다."

현재: 지금의 시간, 현세(現世)

　"현재의 주소는 어디입니까? 현재의 행복이 중요하다."

요즈음: 바로 얼마 전부터 이제까지의 무렵

　"요즈음도 바쁘세요?"

오늘날: 지금의 시대

　"오늘날의 경제 현실은 어떤가?"

여태: 지금까지의 기간

　"여태까지 자고 있나?"

오늘: 지금 지나가고 있는 이날

　"오늘은 날씨가 맑다."

② 과거

아까: 조금 전

　"그는 다시 아까와 같이 누워 있다."

접때: 오래지 아니한 과거의 어느 때

　"저 사람은 접때보다 더 건강하고 씩씩해진 것 같다."

벌써: 이미 오래 전

"난 그 일을 <u>벌써</u>부터 알고 있었다."

저제: 이제의 반대말, 지나간 때

"<u>저제</u>는 그가 누구인지 몰랐다."

저번: 지난번

"<u>저번</u>에 고향에 잘 갔니?" "<u>저번</u> 학기 성적은 어떠니?"

지난번: 저번과 동의어

어제: 오늘의 바로 하루 전날

"<u>어제</u>의 그녀가 아니다."

전: 막연한 과거의 어느 때

"<u>전</u>에 없이 명랑하다." "그 사람을 <u>전</u>에 한 번 본 적이 있다."

③ 미래

후: 막연한 미래의 어느 때

"<u>후</u>에 다시 만납시다."

추후: 일이 지나간 얼마 뒤

"<u>추후</u> 자세히 알려 드리겠습니다."

내일: 오늘의 바로 다음날; 다가올 앞날

"시험은 <u>내일</u>이면 끝난다." "<u>내일</u>에 대한 희망을 갖자."

내년: 올해의 바로 다음해

"<u>내년</u>의 일정은 어떠하니?"

④ 현재/과거

이때: <현재> 바로 지금의 때

"<u>이때</u>가 가장 중요하다."

<과거> 바로 앞에서 이야기한 시간상의 어떤 점이나 부분

"네가 거짓말을 한 것은 <u>이때</u>가 처음이니?"

⑤ 과거/미래

그때: <과거> 앞에서 이미 말한 시간상의 어떤 점이나 부분

"그때의 모욕을 나는 아직도 생생히 기억하고 있다."
<미래> 앞에서 이미 말한 시간상 미래의 어떤 점이나 부분
"뒷일은 그때 가서 걱정해도 된다."

⑥ 현재/과거/미래

방금: <현재> 말하는 시점과 같은 때
"방금도 비행기가 폭음을 내며 날아가고 있습니다.
<과거> 말하는 시점보다 조금 전
"방금도 말했듯이"
<미래> 말하는 시점보다 조금 후
"한 개 남은 이마저 방금이라도 빠질 듯이 흔들흔들한다."

즉시: <현재> 어떤 일이 행하여지는 바로 그때
"항상 나쁜 소문은 즉시에 사이버 공간으로 퍼진다."
<과거> 어떤 일이 행하여지는 바로 그때
"그 소문은 즉시에 온 동네로 퍼졌다."
<미래> 어떤 일이 행하여지는 바로 그때
"그 소문은 즉시에 온 동네로 퍼질 것이다."

이번, 요번: <현재> 곧 돌아온 차례
"이번에는 네 차례야."
<과거> 막 지나간 차례
"이번과 같은 불행한 사태는 다시는 없어야 합니다."
<미래> 곧 돌아오는 차례
"이번에는 실수하지 않겠다."

금번: 이번과 동의어
"그는 금번에도 똑같이 말했다."

이참: 이번과 동의어
"이참에 그는 여행을 다녔다."

(1-2) 시간 표현 관련 명사 (시상 관련)

① 완료

한동안: <계속용법> 꽤 오랫동안

 "그는 <u>한동안</u>(을) 망설였다."

이래: <완료용법> 지나간 어느 일정한 때로부터 지금까지

 "2001년 <u>이래</u>(로) 유익한 토론의 기회를 제공하여 왔습니다."

② 진행

즈음: 일이 어찌 될 무렵

 "그들이 도착할 <u>즈음</u>에 바위가 쏟아져 내렸다."

(1-3) 시제 및 시상과 직접 관련 없는 시간 표현 관련 명사

동안: 어느 한때에서 다른 한때까지 시간의 길이

 "며칠 <u>동안</u>을 두고 생각해왔다."

무렵: 명사, 관형사 뒤에 쓰여서 어떤 시기와 일치하는 즈음을 의미함

 "겨울의 끝 <u>무렵</u>" "오후 다섯 시 <u>무렵</u>부터"

 "내가 집을 나가려고 할 <u>무렵</u>에 전화가 왔다."

처음: 시간적으로나 순서상으로 맨 앞

 "<u>처음</u>에는 실망했는데, 나중에 보니 그게 아니었다."

나중: 얼마의 시간이 지난 뒤

 "처음에는 그렇게 생각했는데, <u>나중</u>에 보니 그게 아니었다."

다음: 어떤 시일이나 시간이 지난 뒤

 "<u>다음</u>에 차나 한잔 할까요?"

때: 시간의 어떤 순간이나 부분, 혹은 일정한 시기 동안

 "내가 웃고 있을 <u>때</u> 그녀가 나를 보았다."

 "방학 <u>때</u> 아르바이트를 했다."

적: 동작이 진행되거나 상태가 나타나 있는 때 또는 지나간 어떤 때

 "어릴 <u>적</u>의 일이다."

"잠이 들 적도 있고, 그저 누워만 있을 적도 있다."

제: '적에'가 줄어든 말

"해 뜰 제 떠났다가 해 질 제 돌아오다."

(2-1) 시간 표현 관련 형용사 (시제 관련)

① 현재

지금: 말하는 바로 이때의

"지금 상태는 어떤가?"

시방: 말하는 바로 이때의

"시방 상태는 어떤가?"

현재: 지금 이 시점의

"현재 상태는 어떤가?"

요즈음: 바로 얼마 전부터 이제까지 무렵의

"요즈음 상태는 어떤가?"

오늘날: 지금 시대의

"오늘날 한국의 경제 상황"

② 과거

그: 앞에서 이미 말한 대상을 가리킬 때 쓰는 말

"그 때가 기억난다. 그 사건의 원인은 다음과 같다."

전: 막연한 과거의 어느 때를 가리키는 말

"전 국회의원"

지난: 시간이 흘러 과거가 된

"지난 방송, 지난 일이다."

저번: 지난과 동의어

"저번 일은 미안해."

③ 미래

다음: 미래 어느 때의

"<u>다음</u> 달 행사"

④ 현재/과거/미래

이번: <현재> 곧 돌아온 차례의

"<u>이번</u> 식사 당번이 누구니?"

<과거> 막 지나간 차례의

"<u>이번</u> 행사는 국민들의 호응이 대단하군요."

<미래> 곧 돌아오는 차례의

"<u>이번</u> 주 토요일"

금번, 요번: '이번'과 동의어

(2-2) 시간 표현 관련 형용사 (시상 관련)

① 완료

지속되는/지속적인: 어떤 상태가 오래 계속되는

"<u>지속되는</u> 약효," "<u>지속적인</u> 행사"

계속되는/계속적인: 끊이지 않고 이어 나가는

"<u>계속되는</u> 가뭄," "<u>계속적인</u> 활동"

② 진행

일시적인: 어느 한 시기의 짧은 동안에

"<u>일시적인</u> 현상"

(3) 시간 표현 관련 관사 (시제 관련)

① 현재

이: 말하는 이에게 가까이 있거나 말하는 이가 생각하고 있는 대상을 가리킬 때 쓰는 말

"<u>이</u> 시간에 나와서 공부하는 사람도 있구나."

② 과거

그: 듣는 이에게 가까이 있거나 듣는 이가 생각하고 있는 대상을 가리킬 때 쓰는 말

"**그** 시간에 가지 말아야 합니다."

(4) 시간 표현 관련 의존 형태소

① 접두사

올—: 지금 지나가고 있는 현재를 의미하는 접두사

"**올**해"

지난—: 바로 전의 과거를 의미하는 접두사

"**지난**달," "**지난**해"

내—: 바로 다음에 오는 미래를 의미하는 접두사

"**내**일," "**내**달," "**내**년"

② 접미사, 보조사, 어미

—간: 기간을 나타내는 일부 명사 뒤에 붙어 '동안'의 뜻을 더하는 접미사

"이틀**간**," "한 달**간**"

—경: 어느 시간 또는 날짜에 가까운 때의 뜻을 더하는 접미사

"9시**경**," "16세기**경**," "월말**경**," "9월 초순**경**"

—께: 접미사 '**—경**'과 동의어

"9시**께**," "월말**께**," "9월 초순**께**"

—쯤: '정도'의 뜻을 더하는 접미사

"내일**쯤**," "그때**쯤**," "10월 8일**쯤**"

—까지: 체언이나 부사어 뒤에 붙어 범위의 끝을 나타내는 보조사

"현재**까지**," "그때**까지**," "8시**까지**"

—부터: 체언이나 부사어 뒤에 붙어 범위의 시작을 나타내는 보조사

"현재**부터**," "그때**부터**," "8시**부터**"

—더라, —던: 지난 일을 나타내는 어미

"지난 겨울은 다소 덥<u>더라</u>." "얕<u>던</u> 한강이 깊어졌다."
"그렇게 그가 싫<u>던가</u>?" "그 여자 말 잘 하<u>던데</u>."

이상의 내용을 종합해 보면, 시간 표현 관련 명사는 (1-1) 시제 관련 명사, (1-2) 시상 관련 명사, (1-3) 시제 및 시상과 직접 관련이 없는 시간 표현 명사와 같이 세 가지 범주로 구분될 수 있으며, 다시 시제 관련 명사는 여섯 가지 범주로 나누어 질 수 있고, 시상 관련 명사는 두 가지 범주로 나누어 질 수 있다. 즉, 시제 관련 명사의 여섯 가지 범주에는 1) 현재 시제에만 관련된 명사, 2) 과거 시제에만 관련된 명사, 3) 미래 시제에만 관련된 명사, 4) 현재나 과거 시제에 관련된 명사, 5) 과거나 미래 시제에 관련된 명사, 6) 시제에 대한 제한 없이 현재·과거·미래 시제를 모두 나타내는 것과 관련된 시간 표현 명사가 있고, 시상 관련 명사의 두 가지 범주에는 1) 완료 시상에만 관련된 명사와 2) 진행 시상에만 관련된 명사가 있다.

또한, 시간 표현 관련 형용사는 (2-1) 시제 관련 형용사와 (2-2) 시상 관련 형용사와 같이 두 가지 범주로 구분될 수 있으며, 다시 시제 관련 형용사는 네 가지 범주로 나누어 질 수 있고, 시상 관련 명사는 두 가지 범주로 나누어 질 수 있다. 즉, 시제 관련 형용사의 네 가지 범주에는 1) 현재 시제에만 관련된 형용사, 2) 과거 시제에만 관련된 형용사, 3) 미래 시제에만 관련된 형용사, 4) 시제에 대한 제한 없이 현재·과거·미래 시제를 모두 나타내는 것과 관련된 시간 표현 형용사가 있고, 시상 관련 형용사의 두 가지 범주에는 1) 완료 시상에만 관련된 형용사와 2) 진행 시상에만 관련된 형용사가 있다.

한편, 시제 관련 관사는 1) 현재 시제 관련 관사와 2) 미래 시제 관련 관사와 같이 두 가지로 구분될 수 있으며, 시간 표현 관련 의존 형태소는 접두사('올-', '지난-', '내-' 등), 접미사('-간', '-경', '-께', '-쯤' 등), 보조사('-까지', '-부터' 등), 어미('-더라', '-던' 등)에서 확인이 가능하다.

이상의 분석을 통해 한국어에서는 시제와 시상이 영어에서처럼 동사에 의해서만 표현되는 것이 아니라는 것을 알 수 있다. 한국어에서는 시제와 시상이 시간부사에 의해서 다양하게 표현되며, 더욱이 명사, 형용사, 의존 형태소 등에 의해서도 시간 표현이 가능하기 때문에, 이에 관한 영한 번역에 있어서 등가를 높이기 위해서는 통사론적 측면에서 품사를 전환하거나 추가하는 번역을 시도할 필요가 있다. 이러한 한국어의 통사론적 특성을 바탕으로 시간 관련 품사를 추가하거나 품사를 전환하는 전략을 적용한 영한 번역 사례는 구체적으로 다음과 같다.

(1) 시간부사를 추가한 번역

[ST 1]

"I've been out here since six o'clock," she said.

(Lee, 1995: 74)

[TT 1]

"6시부터 **여태** 여기에 나와 있었단다." 아줌마가 말씀하셨다.

(김욱동 역, 2005: 143)

[ST 2]

There are risks in including that kind of approach in a speech like that because it's a feel-good event, but one of the things that I'm trying to be mindful of is not starting to get so comfortable or risk-averse that I end up sounding like everyone else.

(Rogak, L. (ed.). 2008. *Barack Obama in his Own Words*)

[TT 2]

연설에서 이렇게 말하면 다소 위험 부담이 있지만, 다른 모든 사람과 똑같은 소리만 늘어놓지 않으려면 편안하고 두루뭉술한 말만 해서는 <u>안 된다</u>고 늘 <u>신경을 쓰고 있습니다.</u>

(임재서 역, 2008: 76-77)

[ST 3]

My general attitude is that if I'm doing a good job in what <u>I'm doing</u> now, I can have the opportunity to seek higher office.

(Rogak, L. (ed.). 2008. *Barack Obama in his Own Words*)

[TT 3]

제가 <u>지금 맡은</u> 일을 잘 하고 있다면 더 높은 자리를 추구할 기회도 얻게 되겠지요. 현재로서는 이게 저의 마음입니다.

(임재서 역, 2008: 69-70)

위의 [ST 1]에서는 동사 'have been'이 현재완료 시상을 나타낸다. 그러나 [TT 1]에서는 이를 단순 과거 시제인 '있었(단)다'로 번역하였지만, '지금까지'를 의미하는 완료시상 부사 '여태'를 추가시켜 번역을 하였기 때문에, '-이래로 나와 있어 왔다'라고 직역하지 않았지만 영어의 동사에서 표현된 완료시상을 한국어에서는 시간부사로 번역하였다. [ST 2]에서는 동사 'am trying'과 'is not starting'이 현재진행 시상을 나타낸다. 그러나 [TT 2]에서는 이를 현재진행 시상으로 번역하지 않고, 시간부사 '늘'을 추가하여 영어의 동사에서 표현된 진행시상을 나타내 번역하였다. [ST 3]에서도 'what

I'm doing now'가 역시 현재진행 시상을 나타낸다. 그러나 [TT 3]에서는 이를 현재진행 시상으로 번역하지 않고, '지금 맡은 일'이라고 번역한 후에, '현재로서는'이라는 시간부사를 추가하여 현재진행 시상을 번역에 반영하고 있다.

(2) 시간 표현 관련 명사를 추가한 번역

[ST 4]

I <u>taught</u> in Detroit for one year, in the late forties. I remember a funny story about that.

(Albom, 1999: 143)

[TT 4]

40년대 후반에 디트로이트에서 1년간 <u>가르친</u> 적이 있는데, 그때 있었던 웃긴 일이 <u>기억나는군요.</u>

(공경희 역, 2007: 184)

[ST 5]

"You shall not mind killing if it is necessary." He <u>had once killed</u> a native in a fit of temper. He was fined thirty pounds. Since then he had kept his temper.

(Lessing, 2000: 7)

[TT 5]

"필요할 경우에는 살인을 해도 무방하다"라는 생각을 품고 있던 그는 자기 성질을 못 이겨 일꾼 한 명을 <u>죽인</u> 적도 <u>있었다.</u> 그는 당시 벌금 30파운드를 물었는데, 그 이후로는 성질을 죽이면서 지내 왔다.

(이태동 역, 2008: 20)

위의 [ST 4]는 두 문장으로 구성되어 동사 'taught'와 'remember'가 각각 과거와 현재 시제를 나타낸다. 그러나 [TT 4]에서는 이를 한 문장으로 축약하여 'taught'를 '가르쳤다'라고 동사로 번역하지 않았지만, 시간 표현 관련 명사 가운데 하나인 '지나간 어떤 때'를 의미하는 시간 관련 명사 '적'을 추가함으로써 이 명사를 통하여 과거 시제를 번역에 반영하였다. 또 [ST 5]에 쓰인 과거완료 시상 'had once killed'를 [TT 5]에서 '죽인 적도 있었다'라고 완료의 경험 용법으로 번역한 것도 역시 시간 표현 관련 명사 '적'을 추가하여 과거완료 시상을 옮긴 경우다.

(3) 복합명사를 만들어 사용한 품사 전환 번역

[ST 6]

It is our expectation that the <u>trust built</u> through this and other projects will play a positive role in the process of inter-Korean cooperation and integration.

(제 4차 제주평화포럼 영문 오찬사, 2007. 6. 22.)

[TT 6]

이러한 <u>프로젝트</u>를 통한 <u>신뢰형성</u>은 남북이 협력하고 통합되어 나가는 데 있어 긍정적인 역할을 수행할 것으로 기대됩니다.

(제 4차 제주평화포럼 국문 오찬사, 2007. 6. 22.)

위의 [ST 6]에서 'built'는 그 앞의 'trust'를 수식하는 시상(과거분사)으로서 'that has been built'('형성된 신뢰,' 내지 '형성되어온 신뢰')의 축약이라고 볼 수 있는데, TT에서는 이를 복합명사인 '신뢰형성'으로 품사를 전환하여 번역하고, 그 앞에 '통한'을 추가하여 시상이 나타나도록 배려하고 있다.

(4) 관형사를 만들어 사용한 품사 전환 번역

[ST 7]

For us to tell the 55-year-old who <u>has been working</u> in a steel plant <u>all his life</u>, to suddenly retrain to become a computer scientist, that's not going to happen. (Rogak, L. (ed.). 2008. *Barack Obama in his Own Words*)

[TT 7]

<u>평생</u> 철강 공장에서 <u>일한</u> 쉰다섯 살 먹은 사람에게 갑자기 재교육을 받아 컴퓨터 전문가가 되라고 말해도 아무 소용이 없겠지요.

(임재서 역, 2008: 69-70)

위의 [ST 7]에서는 동사 'has been working'이 현재완료진행 시상을 나타낸다. 그러나 [TT 7]에서는 이를 현재완료진행 시상으로 번역하지 않고, 관형사형 전성어미에 '-ㄴ'을 사용하여 관형사[명사의 수식어] '일한'으로 품사를 전환하여 번역하였으나, 그 앞에 나온 시간부사 '평생'을 통하여 현재완료진행 시상을 번역에 잘 반영하고 있다.

(5) 부사절을 만들어 사용한 품사 전환 번역

[ST 8]

The Six-Party Talks <u>is</u> a comprehensive process <u>which seeks</u> to address the various interests of the participating countries. Through this process, we <u>aim to achieve a change</u> in North Korea's threat perception and <u>convince</u> the North that it <u>will be</u> better off without the nuclear weapons in its arsenal.

(제 4차 제주평화포럼 영문 오찬사, 2007. 6. 22.)

[TT 8]

북핵문제 해결은 현재 6자회담을 통해 <u>모색되고 있는 바</u>, 6자회담은 모든 참가

국의 다양한 이익을 다루는 포괄적인 해결과정입니다. 이를 통해 북한으로 하여금 위협인식을 바꾸고, 핵무기 없는 미래가 북한 스스로의 이익에도 부합한다는 점을 북한이 깨닫도록 해야 합니다.

(제 4차 제주평화포럼 국문 오찬사, 2007. 6. 22.)

위의 [ST 8]에서는 현재와 미래 시제가 섞여 있지만, [TT 8]에 번역된 동사의 시제는 모두 현재 시제이다. 한국어에서 종속절을 현재로 쓰는 특성을 반영하여, '부합할 것이라는 점을'과 같이 미래 시제로 번역하지 않고, '부합한다는 점'이라고 단순 현재 시제로 번역한다. 이때, 관계대명사가 이끄는 형용사절인 'which seeks'를 '모색되고 있는 바'와 같이 부사절로 품사를 전환하여 번역하고 있다.

(6) 보조사를 사용한 품사 전환 번역

[ST 9]
Miss Maudie <u>had known</u> Uncle Jack Finch, Atticus's brother, since they <u>were</u> children.
(Lee, 1995: 43)

[TT 9]
모디 아줌마는 아빠의 동생인 잭 핀치를 어렸을 때<u>부터</u> <u>알았다</u>.
(김욱동 역, 2005: 85)

위의 [ST 9]에서 동사 'had known'은 과거완료 시상인데, [TT 9]에서 '알았다'로 단순 과거 시제로 번역되었지만, '체언이나 부사어 뒤에 붙어 범위의 시작을 나타내는 보조사인 '-부터'를 사용하여 ST에서 동사로 표현된 과거완료 시상을 살려 번역하고 있다.

(7) 격조사와 부사절을 사용한 품사 전환 번역

[ST 10]
Northeast Asia is one of the most dynamic regions in the world today, and we are witnessing a rapid increase in the economic interdependence among the countries in the region. However, complex security concerns represent obstacles to securing a durable peace in the region. The North Korean nuclear issue, the deep-rooted differences in perceptions of history and the overlapping territorial claims are some of these concerns that hang over Northeast Asia.
(제 4차 제주평화포럼 영문 오찬사, 2007. 6. 22.)

[TT 10]
동북아 지역은 현재 세계에서 가장 역동적인 지역의 하나로서, 역내 국가간 경제적 상호의존이 급속히 심화되고 있습니다. 그러나 동북아 지역에서는 북핵문제를 비롯하여 역사인식 문제, 영토 영유권 주장 등 복잡한 갈등요인이 상존하고 있어 역내 평화를 확고히 하는 데 장애가 되고 있습니다.
(제 4차 제주평화포럼 국문 오찬사, 2007. 6. 22.)

위의 [ST 10]은 현재 시제와 진행 시상이 혼합된 네 개의 동사가 포함된 세 문장으로 구성되어 있는데, [TT 10]에서는 두 문장으로 옮겨져 있다. 문맥에 따른 순차 번역을 위해서 'is one'을 직역하지 않고 격조사 '-로서'를 붙여 '하나로서'와 같이 품사를 전환하여 옮기고 있다. 또 ST의 마지막 문장에 나오는 세 개의 주어는 그대로 직역하는 대신에 이유를 나타내는 부사절로 품사 전환하여("동북아 지역에서는 북핵문제를 비롯하여 역사인식 문제, 영토 영유권 주장 등 복잡한 갈등요인이 상존하고 있어") ST

의 시제와 시상을 번역문에서 대체로 잘 살리고 있다.

(8) 부사를 보조적으로 사용한 품사 전환 번역

[ST 11]

At a time when globalization is accelerating and the economy is rapidly transcending national borders, there should be new international organizations to regulate developments in advance and take countermeasures.
("Congratulatory Remarks by President Lee Myung-bak at the Opening of the World Knowledge Forum," 2008. 10. 15.)

[TT 11]

빠르게 세계화가 되고 경제가 빠른 속도로 국제간에 넘나드는 이 시점에 사전 사후를 규제하고 대책을 세울 수 있는 아마 새로운 국제기구가 필요할 것으로 생각합니다.
(「제 9회 세계지식포럼 개막식 축사」, 2008. 10. 15.)

위의 [ST 11]에서 동사 'is accelerating'은 현재 진행 시상으로 쓰여 있는데, [TT 11]에서 이를 '가속화 되고 있는'이라고 직역하지 않고 시간부사 '빠르게'와 동사 '(세계화가) 되다'로 분리시켜 품사 전환하여 의미가 쉽게 전달되도록 옮기고 있다.

이상과 같은 번역 사례를 중심으로 볼 때, 시간 표현에 대한 영한 번역에 있어서 시간 관련 품사를 추가하거나 품사를 전환하는 번역은 효과적일 뿐만 아니라 한국어답게 번역하는 기법으로 보인다. 이러한 번역 기법의 필요성은 대략 세 가지 점에서 찾아볼 수 있다.

첫째, 영어에서 동사에 의해 제시된 시간 표현은 한국어에서 부득이 동사 이외의 다른 품사로 번역해야만 할 경우가 있다.

둘째, 영어의 여러 문장이나 수식구(부사구나 형용사구)를 한국어답게 축약하여 번역할 경우에, 영어의 동사에 표현되어 있는 시제와 시상을 한국어에서 모두 동사에 반영하여 번역하기가 어렵다.

셋째, 영어의 동사에 표현되어 있는 시제와 시상을 한국어의 동사만 사용하여 직역하게 되면 종종 우리말 표현이 어색하거나 단조롭게 되기 때문에 생동감 있게 과감히 품사를 전환하여 의역을 할 필요가 있다.

3.4.2 화용론적 번역 전략

앞에서 영어와 한국어의 시간 표현 방식을 살펴본 바에 의하면, 시간 표현에 대한 영한 번역시 비등가는 시간의 언어화 방식의 차이(영어의 동사 변화 대 한국어의 어미 활용) 때문에 일어날 수 있다. 이밖에도 SL과 TL의 시제 및 시상과 시간 현상과의 차이(SL과 TL에서 시간 표현의 언어적 한계: 현재의 포괄성, 시제의 분절성, 시상의 함축성), SL과 TL에서 시제와 시상 사이의 문화적 차이, ST 원저자의 문체와 인식의 배경 등에 의해서 비등가가 일어날 수 있는데(<표 11> 참조), 이러한 비등가에는 ST 내용의 맥락에 맞추어 어미를 활용해주는 번역으로써 대처할 수 있는 소지가 있다. 왜냐하면 한국어는 영어처럼 구조적인 언어가 아닌 대신에, 문장의 어미를 맥락에 맞게 활용하여 시제와 시상을 나타내는 특성이 매우 강한 언어이기 때문이다. 이와 관련하여, 다음과 같은 심층적 순차 번역은 시간 표현의 번역에 있어서 실제적이며 유용한 맥락 활용 번역의 전략이 될 수 있다.

[ST 1]

①There's more of everything now, including both overpriced tickets and bargains. Regarding the former, ②you'll be numbed and blinded by their billboards all over town. As concerns the latter, ③you'll have to scout around, ④but you'll be rewarded with some great shows at dynamite prices.

[TT 1]

이제는 모든 것들이 ①더 많아졌다. 예를 들면, 비싸지만 형편없는 쇼나 싸지만 실속 있는 쇼도 모두 좋아졌다. 실속 없는 쇼는 사람들을 어리둥절하고 눈이 부시게 광고탑이 사방에 ②널려 있다. 실속 있는 쇼는 발품을 좀 팔아서 찾아 다녀야 ③하겠지만 ④-1그 보답으로 아주 좋은 쇼를 아주 싼 값에 ④-2볼 수 있다.

(성백환, 2003: 124-125)

위의 예문에서 적용된 '심층적 순차번역'이란, 심층 구조(deep structure, underlying structure)에 대한 분석을 바탕으로 영어 어순에 따라서 순차적으로 번역을 하는 것으로서, 영어 어순에 따른 번역을 가로막는 접속사 등이 있는 문장의 내용을 재구성하여 영어답게 원어민이 말한 순서대로 번역하는 것을 말한다(성백환, 2003: 121-127). 이 '심층적 순차번역'에서는 영한 번역시 접속사와 수식어구를 비롯한 ST의 표현들이 순서에 따른 순차적 번역을 가로막는 원인에 주목한다.

이러한 순차번역의 원리를 적용해서 위에 인용한 [ST 1]을 우리말로 번역해 보면, 'There's more'는 '더 많아졌다'로, 'including'은 '예를 들면'으로, 그리고 'but you'll be rewarded with …'는 "그 보답으로 … 볼 수 있다"로 각각 옮길 수 있을 것이다. 그렇게 되면 우리말 번역문이 ST의 화자가 말한 순서에 따라 구성되는 것을 알 수 있다. 이러한 번역 과정에서 주목할 수 있는 것은 시제의 변화다. 먼저 [ST 1]에 나와 있는 현재 시제 ①'There's'는 번역문 [TT 1]에서 과거 시제인 ①'많아졌다'로, 미래 시제 ②'you'll be'는 현재 시제인 ②'널려 있다'로 각각 바뀌어 있다. 한편 미래 시제인 ③'you'll have to'는 미래 시제인 ③'하겠지만'으로 쓰였지만, 마지막으로 쓰인 미래 시제 ④'you'll be rewarded'는 현재 시제인 '④볼 수 있다'로 시제가 전환되어 있다. 그러나 이러한 시제의 변화에도 불구하고 번역문의 의미는 원문의 의미를 훼손하지 않은 채 잘 간직되어 있다. 이러한 현상에 대해서는 한국어에서 한 문장 안에 종속절이 있을 경우, 주절의 서술어에서는 시제와 시상을 정확하게 나타내되 종속절의 서술어가 주절의 서술어와 반드시 일치할 필요가 없다는 이른바 시제 불일치의 경향으로도 설명될 수 있을 것이다.

[ST 2]
She used to cry over her sewing while Mary comforted her miserably, longing to get away.
(Lessing, 2000: 30)

[TT 2]
그녀는 뜨개질을 하다가도 메리 앞에서 흐느껴 우는 경우가 많았는데, 그럴 때마다 메리는 측은한 마음에서 그녀를 위로해 주면서도 도망가 버리고 싶다는 생각을 한 것이 한두 번이 아니었다.
(이태동 역, 2008: 53)

위의 번역 사례에도 심층적 순차번역이 적용되었다. [ST 2]에는 접속사 'while'과 수식구 'longing to get away'가 있는데, [TT 2]에서는 이들을 영어 순서에 따라서 순차적으로 번역하기 위해, 'while'을 '-하는 동안'이 아니라 '그럴 때마다'로 번역하였고, 이 'while'이 이끄는 시간부사절에 이어지는 수식구 역시 순차번역하기 위해서, 'while'이 이끄는 시간부사절을 '주면서도'와 같이 번역하여 수식구의 번역이 이어지도록 하였다.

위와 같은 심층적 순차번역 사례를 고려할 때, <표 11>의 '영한 시간 번역의 단계별 번역 전략'에 제시된 것처럼, 시간과 관련된 영한 번역에서는 1단계인 직역(영어의 동사에 표현된 시제와 시상을 한국어의 동사에서 번역)과 2단계인 '품사 전환 번역'(영어의 동사에 표현된 시제와 시상을 한국어에서 동사 이외의 시간부사, 명사, 형용사, 의존형태소 등에서 번역)을 거친 다음에도, 번역문의 시간 표현이 한국어답지 못할 때는 마지막 단계로서 '맥락 활용 번역'(영어의 동사에 표현된 시제와 시상을 국어에서 문장의 연결 구조를 활용하여 번역)을 시도할 필요가 있다.

번역학 측면에서 보더라도, TL의 텍스트적인 측면과 SL의 텍스트적인 측면이 적합하지 않은 정도가 TT의 질적인 부적절성과 일치하며, 텍스트의 역동성을 고려하지 않은 채 구성 요소로 분해하는 것은 기껏해야 작은 원자로 나누는 것에 불과하기 때문에(Baker, 1998: 30), 직역과 품사 전환 번역으로써 ST의 시간 표현을 TT에서 한국어답게 번역하기 힘든 경우에는, 혹은 다양한 시간 표현이 ST에서 뒤섞여 쓰인 상황에서는 맥락 활용 번역을 시도할 필요가 있다.

이처럼 ST를 TT에서 맥락 활용 번역하는 것과 관련하여, 한국어에서는 동사에 제시된 어떠한 시제나 시상 표현과도 상관없이, 문장의 맥락 속에서 시제와 시상이 결정되는 다음과 같은 용례들이 있음에 주목할 필요가 있다.

(1) 현재시제가 미래시제에 의해서 맥락에 맞게 표현된 예문

"그는 이제부터 사회적으로 주목을 받는 공인이다. 이번 국회의원 선거에서 당선되었기 때문이다. 하지만 그는 가정에서는 가족의 한 사람일('이(다)'+'-ㄹ')뿐이다."

위의 예문에서 '사람일'에 쓰인 '-ㄹ'은 미래시제 관형사를 만들어 주는 대표적인 '전성어미'이지만, 이 문장에서 '-ㄹ'은 미래 시제만을 나타내는 것이 아니라, 과거 시제와 현재 시제까지도 함께 맥락적으로 나타내고 있다.

(2) 과거시제가 현재시제에 의해서 맥락에 맞게 표현된 예문

"일본 총리는 영접 나온 인사들과 일일이 악수를 나누었습니다. 환영객에게도 인사를 하고서 사열대 앞으로 걸어 나갑니다."

위의 예문에서 '-고서'는 뒤에 나오는 동사보다 앞선 시제를 나타내는 연결어미이다. 이런 이유로 이 문장에서 문장의 시제는 현재로 끝나고 있지만, 연결어미 '-고서' 때문에 '인사를 한 행위'는 과거시제를 나타낸다.

(3) 미래시제가 현재시제에 의해서 맥락에 맞게 표현된 예문

"찾아오실 때마다 자리를 비워서 죄송합니다. 요즘 저는 논문을 쓰느라 너무 바빴습니다. 몇 달간 거의 매일 도서관에서 살고 있답니다. 저는 도서관에서 논문을 쓰며, 당신을 기다리겠어요."

한국어에서는 두 문장을 이어서 쓸 때, 앞 문장과 뒤 문장의 시제가

일치할 경우에, 뒤 문장의 동사에서 시제를 한번만 나타내고, 앞 문장의 동사는 현재시제의 형태로 쓰는 경향이 있다. 따라서 위의 예문에서 '논문을 쓰며'는 현재시제로 쓰였지만 미래시제를 나타낸다.

(4) 과거완료 시상이 현재시제에 의해서 맥락에 맞게 표현된 예문

"그는 무척 바쁜 것 같아. 오랜만에 그녀를 보았는데도, 대충 인사만 하고서 나가버렸어."

위의 예문에서 '-고서'는 뒤에 나오는 동사보다 앞선 시제를 나타내는 연결어미이다. 이런 까닭에 이 문장에서 '하고서'는 '나가버렸어'(과거시제)보다 앞선 과거완료 시상을 나타낸다.

(5) 현재진행 시상이 현재시제에 의해서 맥락에 맞게 표현된 예문

"그는 겉보기와는 다르게 음악을 좋아하는 것 같아. 저것 봐. 음악을 들으며 운동을 하고 있잖아."

한국어에서는 두 문장이 이어질 때, 앞 문장과 뒤 문장의 시상이 일치할 경우에, 뒤 문장의 동사에서 시상을 한번만 나타내는 것이 일반적이다. 따라서 위의 예문에서 '들으며'(단순 현재시제)는 "운동을 하고 있잖아"와 같이 진행 시상을 맥락적으로 나타낸다.

(6) 현재완료진행 시상이 현재시제에 의해 맥락에 맞게 표현된 예문

"그는 외국에서 살지 않았는데도 영어를 아주 잘 해. 회화 카세트테이프를 들으며 운동을 하기 때문에, 영어를 잘 하는 것 같아."

위의 예문에서 '들으며'는 단순 현재시제이고 문장의 동사를 비롯하여 어느 품사에도 현재완료진행 시상이 제시되어 있지 않지만, 맥락적으로 완료진행 시상을 나타낸다.

이상과 같은 한국어의 맥락적 시간 표현을 고려할 때, 영어의 동사와 시간부사 등에서 표현된 시제와 시상을 영한 번역시 한국어에서는 동사가 아니라 어미를 활용하여 문맥에 맞춰 번역할 수 있음을 알 수 있다. 이러한 한국어의 시간 표현을 활용하여, 화용론적 번역 전략을 적용한 영한 번역 사례를 구체적으로 들어보면 다음과 같다.

(1) 현재완료 시상과 현재 시제의 맥락 활용 번역

[ST 3]

Now that the Banco Delta Asia (BDA) issue <u>has been resolved</u>, the Six-Party Talks process <u>is back</u> on track.

(「제 4차 제주평화포럼 영문 오찬사」, 2007. 6. 22.)

[TT 3]

이제 BDA 문제가 <u>해결된 만큼</u>, 6자회담 과정이 본 궤도에 <u>복귀하게 되었습니다</u>.

(「제 4차 제주평화포럼 국문 오찬사」, 2007. 6. 22.)

위의 [ST 3]에서 동사는 현재완료 시상 'has been resolved'와 단순 현재 시제 'is'가 섞여 있지만, [TT 3]에서는 한국어의 맥락적 시간 표현 방식에 따라서 종속절의 'has been resolved'를 '해결된 만큼'이라는 과거 시제 형태의 어미를 써서 번역하고, 주절의 서술어인 'is back'에 현재완료 시상을 반영하여 "복귀하게 되었습니다"로 번역하였다.

(2) 과거 시제와 과거완료시상의 맥락 활용 번역

[ST 4]

At the cemetery, Morrie <u>watched</u> as they <u>shoveled</u> dirt into his mother's grave.
He <u>tried</u> to recall the tender moments they <u>had shared</u>.

(Albom, 1999: 73)

[TT 4]

그는 묘지에서 어머니의 무덤에 흙이 <u>뿌려지는</u> 광경을 <u>지켜보았다.</u> (어머니가
살아있을 때) <u>함께한</u> 좋은 순간들을 기억해 보려 <u>애를 썼다.</u>

(공경희 역, 2007: 102)

위의 [ST 4]에서 첫 번째 문장의 동사 'watched'와 'shoveled'는 모두 과거
시제이지만, [TT 4]에서는 한국어의 맥락적 시간 표현 방식에 따라서 주
절의 서술어 'watched'만 '지켜보았다'라고 과거 시제로 직역하고, 종속절
의 'shoveled'는 '뿌려지는'이라고 현재 시제로 번역하였으나 실제로는 과
거 시제임을 맥락적으로 파악할 수 있다. 마찬가지로 [ST 4]에서 두 번째
문장의 동사는 과거 시제 'tried'와 과거완료 시상 'had shared'가 섞여 있
지만, [TT 4]에서는 한국어의 맥락적 시간 표현 방식에 따라서 주절의 서
술어 'tried'만 '애를 썼다'라고 과거 시제로 직역하고, 종속절의 'had
shared'는 '함께 했던'이라고 시제를 직역하지 않고 '함께한'이라고 과거로
번역하였으나 실제로는 과거완료 시상임이 맥락적으로 파악될 수 있다.

(3) 과거 시제의 맥락 활용 번역

[ST 5]

In that early severity of the Puritan character, an inference of this kind could not so indubitably be drawn. It might be that a sluggish bond-servant, or an undutiful child, whom his parents had given over to the civil authority, <u>was to be corrected at the whipping-post</u>.

(Hawthorne, 2000: 44)

[TT 5]

초기 청교도들이 지녔던 엄격한 성격으로서는, 확신을 갖고 그 같은 추측을 내릴 수는 없었다. 왜냐하면 그것은 관리의 손에 넘겨진 게으름뱅이 하인이나 불효막심한 자식놈이 <u>형장에서 곤장을 맞는 장면일 수도 있다</u>.

(박경미 역, 2005: 9)

위의 [ST 5]에서 'was to be corrected at the whipping-post'의 'was to'는 'be to'의 가능 시상이 과거 시제로 쓰인 문구이지만, [TT 5]에서 '-이었을 수도 있다'와 같이 직역하지 않고 "-일 수도 있다'라고 현재 가능 시상으로 번역되었으나 실제로는 과거 가능 시상임이 문맥상 쉽게 파악될 수 있다. 다만 번역문에서는 원문에 나와 있지 않은 '왜냐하면'이란 접속사를 첨가한 이상, 서술부도 그에 맞게 '-일 수도 있기 때문이다'라고 표현하는 것이 자연스런 문장이 될 것이다.

(4) 미래 시제의 맥락 활용 번역

[ST 6]

Therefore, as far as Northeast Asian countries <u>are concerned</u>, the resolution of the North Korean nuclear issue <u>signifies</u> much more than the nuclear

non-proliferation success. It <u>represents</u> an opportunity for us to pool our
collective wisdom and launch an effective regional security framework in
Northeast Asia, as <u>was eloquently presented</u> in President Roh's keynote speech
this morning.
(「제 4차 제주평화포럼 영문 오찬사」, 2007. 6. 22.)

[TT 6]
따라서, 동북아지역 국가들에 있어 북핵문제 해결은 단순한 핵 비확산의 성공
이상의 의미를 <u>갖습니다</u>. 오늘 아침 노무현 대통령의 기조연설에서 <u>분명하게</u>
<u>언급된 바와 같이</u> 북핵문제 해결은 동북아에서 효과적인 지역안보의 틀을 <u>마</u>
<u>련하는 데 있어 공동의 지혜를 모으는 기회가 <u>될 것입니다</u>.
(「제 4차 제주평화포럼 국문 오찬사」, 2007. 6. 22.)

위의 [ST 6]에는 동사 네 개가 현재 시제와 과거 시제로 섞여 있는데, [TT
6]에서는 맨 마지막 서술어인 'represents'를 ST 문맥의 의미를 고려하여
'될 것입니다'라고 미래 시제로 번역함으로써 원문에 나오는 시간 표현의
본래 의미를 번역문에서 살려주고 있다.

(5) 현재완료 시상의 맥락 활용 번역

[ST 7]
Since its launch in 2001, the Jeju Peace Forum <u>has served</u> as a valued venue for
an international exchange of views on peace and security in Northeast Asia. It
is my sincere hope that this forum will indeed prove a great success.
(「제 4차 제주평화포럼 영문 오찬사」, 2007. 6. 22.)

[TT 7]
제주평화포럼은 2001년 첫 회의를 개최한 **이래** 동북아지역의 평화와 안보문제

에 관한 국제적 논의의 장으로서, 유익한 토론의 기회를 제공하고 있습니다.
아무쪼록 금번 포럼이 큰 성과를 거두기를 기원합니다.

(「제 4차 제주평화포럼 국문 오찬사」, 2007. 6. 22.)

위의 [ST 7]에서 동사 'has served'는 현재완료 시상이지만, [TT 7]의 동사
에서는 이를 '하여 왔습니다'로 시제 직역하지 않고, '하고 있습니다'라고
현재진행 시제로 번역하였다. 그러나 '지나간 어느 일정한 때로부터 지금
까지'를 의미하는 '이래'를 추가하여 문맥 속에서 현재완료 시상을 살렸다.

(6) 과거완료 시상의 맥락 활용 번역

[ST 8]

People did ask, cursorily, why the murderer <u>had given</u> himself up. There was not
much chance of escape, but he did have a sporting chance.

(Lessing, 2000: 5)

[TT 8]

사람들은 살인범이 왜 자수를 <u>했느냐</u>고 호기심 어린 목소리로 물어보았다. 무
사히 도주할 기회가 많지는 않았지만 한번 모험을 걸어 볼 만한 기회는 있었기
때문이다.

(이태동 역, 2008: 17)

[ST 9]

<u>Having waited</u> seven years before I <u>proposed</u> to Janine, I wondered if people
my age were being more careful than those who came before us, or simply more
selfish?

(Albom, 1999: 147)

[TT 9]

나는 제닌과 7년이나 사귄 끝에 프로포즈했다. 결혼하기까지 그렇게 주저했던 것은 내 또래가 앞 세대보다 신중해서일까, 아니면 단순히 이기심이 많아서일까? 궁금했다.

(공경희 역, 2007: 190)

[ST 10]

Morrie, true to these words, had developed his own culture — long before he got sick. Discussion groups, walks with friends, dancing to his music in the Harvard Square church.

(Albom, 1999: 42)

[TT 10]

당신의 말씀대로 선생님[Morrie]은 자신만의 문화를 창조했다. 병이 나기 훨씬 오래 전부터. 즉 여러 개의 토론 그룹을 운영했고, 친구들과 산책을 했으며, 하버드 스퀘어 교회에서 음악에 맞춰 춤을 추었다.

(공경희 역, 2007: 64)

위의 [ST 8]에서 과거완료 시상 'had given'은 [TT 8]에서 '했느냐'라고 단순 과거 시제로 번역되었으나, 이는 주절의 동사 'asked'가 과거이기 때문이며 실제로는 과거완료 시상임을 문맥에서 파악하는 데 어려움이 없다. [ST 9]에서는 'Having waited'가 과거완료 시상이고 'proposed'는 단순 과거 시제인데, [TT 9]에서는 문맥의 전후 상황을 파악할 수 있는 '끝에'를 추가하여 문맥상 과거완료 시상이 파악되도록 번역하며 'proposed'만 단순 과거 시제로 직역하였다. 한편, [ST 10]에서는 과거완료 시상 'had developed', 단순 과거 시제 'got'이 섞여 있는데, [TT 10]에서는 동사가 모두 단순 과거 시제로만 번역되었다. 즉, 'had developed'가 과거완료 시상이 아니라 단순 과거 시제 '창조했다'로 번역되었으나, '병이 나기 훨씬 오래 전부터'란 부사형 문구에 의해서 실제로는 과거완료 시상임이 문맥을 통해서 잘 파악될 수 있다. 또한 [ST 10]에서 "Discussion groups, walks with friends, dancing to his music"은 과거에 끝나지 않고 진행되는 일이기에 명사형으로 현재완료 내지는 진행 시상을 나타내고 있는데, [TT 10]에서는 이를 과거 시제로 번역하였다. 그럼에도 불구하고 그런 일이 과거에 끝나지 않고 지속되는 내용임을 문맥을 통해서 파악하는 데 어려움은 없다.

(7) 현재진행 시상의 맥락 활용 번역

[ST 11]
My general attitude is that if I'm doing a good job in what I'm doing now, I can have the opportunity to seek higher office.
(Rogak, L. (ed.), 2008. *Barack Obama in his Own Words*)

[TT 11]
제가 지금 맡은 일을 잘 하고 있다면 더 높은 자리를 추구할 기회도 얻게 되겠지요. 현재로서는 이게 저의 마음입니다.
(임재서 역, 2008: 69-70)

위의 [ST 11]에는 진행 시상이 두 번, 즉 'I'm doing'과 'what I'm doing now'에 쓰여 있지만, 'I'm doing'만 '하고 있다면'으로 진행 시상을 반영하여 번역하였고, 'what I'm doing now'는 '제가 지금 맡고 있는 일'이라고 진행 시상으로 번역하는 대신에 진행 시상의 반영 없이 '제가 지금 맡은 일'이라고 단순 현재 시제로 번역하였으나, 'I'm doing'('하고 있다면')의 문맥에 의해서 'what I'm doing now'의 진행 시상이 TT의 시간적인 맥락 속에서 잘 살아 있다.

(8) 과거완료와 진행 시상의 맥락 활용 번역

[ST 12]

This took him three-quarters of an hour, and by the time he was finished, and had picked the pieces of green glass from the mud and thrown them into the bush, the sweat was soaking his face and hair.

(Lessing, 2000: 8)

[TT 12]

사십오 분이나 걸려 타이어를 교체하고 진흙탕 길에서 유리 조각들을 골라내어 덤불 속으로 모두 던져 버렸을 무렵, 그의 얼굴과 머리는 땀으로 엉망이 되어 버렸다.

(이태동, 2008: 22)

위의 [ST 12]에는 과거완료 시상 'had picked'와 '(had) thrown' 및 과거진행 시상 'was soaking'이 섞여 있는데, 이 동사들이 [TT 12]에서는 '골라내어', '던져 버렸(다)', '되어 버렸다'와 같이 현재 시제와 과거 시제 형태로 각각 번역되었으나, 대략 어떤 시기와 일치하는 '즈음'을 가리키는 시간 표현 관련 명사 '무렵'이 첨가됨으로써 완료 시상을 잘 나타내 주고 있다. 또한 "무렵, … 되어 버렸다"라는 우리말 표현이 'was soaking'의 과거진행 시상을 번역문에서 실제 시상으로 파악하는 데 한 몫을 하고 있다.

(9) 현재완료진행 시상의 맥락 활용 번역

[ST 13]
Must be well over thirty. She <u>has been going</u> strong for years.
(Lessing, 2000: 38)

[TT 13]
아마 서른도 훨씬 넘었을 거야. 직장 생활을 한 지도 상당히 오래<u>됐어</u>.
(이태동 역, 2008: 66)

위의 [ST 13]에는 현재완료진행 시상 'has been going'이 나타나 있는데, [TT 13]에서는 '어떤 일이 있었던 때로부터 지금까지의 동안을 나타내는 의존명사 '지'를 첨가함으로써 번역문에서도 현재완료진행 시상을 시간적인 맥락 속에 잘 살려주고 있다.

(10) 과거진행 시상의 맥락 활용 번역

[ST 14]
It was a dumb thing to do, and this time it was serious-already on probation, I'd have to appear before a judge. I <u>was looking at jail time</u>, and I was scared.
(Randy Travis, "She's My Woman," *Guideposts* 2002년 2월호)

[TT 14]
매우 어리석은 짓이었고 이번엔 사태가 심각했다. 이미 보호관찰 상태에서 판사 앞에 서야 했기 때문이다. <u>감옥 가는 건 시간문제여서</u> 난 두려웠다.
(김남훈 외 역, 2002: 9)

[ST 15]

And so, on this August morning, he was glad that he <u>was leaving</u> London and <u>going</u> to be for some days on an island off the Devon coast.

(Christie, 2001: 11)

[TT 15]

따라서 이 8월의 아침 나절, <u>런던을 떠나 데번 해안의 섬에서 며칠을 보내게 된</u> 그는 행복했다.

(김남주 역, 2006: 19)

위의 [ST 14]에는 '곧 일어날 일'을 의미하는 과거진행 시상 'was looking at jail time'이 있는데, 이것이 [TT 14]에서는 '감옥 가는 건 시간문제여서'와 같이 표면적으로는 단순 현재로 번역되었으나, 이 표현 앞뒤의 내용으로 인하여 과거진행 시상이 시간적인 맥락 속에서 번역되었다. 마찬가지로 [ST 15]에는 '곧 일어날 일'을 의미하는 과거진행 시상 'was leaving'과 '(was) going'이 있는데, 이것이 [TT 15]에서는 '런던을 떠나 데번 해안의 섬에서 며칠을 보내게 될'이 아니라 '런던을 떠나 데번 해안의 섬에서 며칠을 보내게 된'과 같이 단순 현재 시제로 번역되었으나, 문맥의 내용상 '곧 일어날 일'을 의미하는 과거의 미래 시상이 과거 시제를 통해 표현되었다.

(11) 미래진행 시상의 맥락 활용 번역

[ST 16]

Freddy, wherever you go, whatever happens, don't forget that I <u>will be praying</u> for you. God always hears a mother's prayer.

(Fred Mayer, "Moment of Truth," <u>Guideposts</u> 2002년 1월호)

[TT 16]
프레드야, 네가 어디로 가든지, 어떤 일이 생기든지, 내가 널 위해 항상 <u>기도하고 있다는 걸</u> 잊지 말아라. 하나님께선 어머니의 기도를 들으신단다.
(김남훈 외 역, 2002: 32)

위의 [ST 16]에는 미래진행 시상 'will be praying'이 있는데, 이것이 [TT 16]에서는 '기도하고 있다는 걸'과 같이 표면적으로는 단순 현재 시제로 번역되었으나, 이 표현 앞뒤의 내용으로 인하여 미래진행 시상임이 시간적인 맥락 속에서 파악될 수 있다.

이상과 같은 번역 사례들을 중심으로 볼 때, 시간 표현에 대한 영한 번역에 있어서 한국어의 어미 활용을 통한 맥락 번역은 피할 수 없다. 영한 번역시 한국어의 어미 활용을 통한 맥락 번역의 필요성은 다음과 같은 점에서 찾을 수 있다.

첫째, 영어의 어순에 맞게 번역할 경우에, 영어와 한국어의 어순이 다르기 때문에 한국어의 문맥에 맞게 시제와 시상을 적절히 바꿔줄 필요가 있다.

둘째, 영어의 동사에 의해 제시된 시간 표현을 한국어의 동사로 직역하기가 어렵거나 동사 이외의 다른 품사로도 표현하기가 곤란한 경우에, 한국어에 맞는 시제와 시상을 문맥에서 표현할 필요가 있다.

셋째, 영어의 동사에 표현되어 있는 시제와 시상을 한국어의 동사만을 가지고 직역하게 되면, 비문이나 어색한 표현이 되는 경우가 있기에 문맥 속에서 시제와 시상의 적절한 변형이 필요하다.

3.5 시간 번역의 예시

이 절에서는 영어 ST를 한국어 TT로 옮긴 실제 영한 번역물에서 시제와 시상의 등가가 확보되지 못한 사례들을 찾아내어, 위에서 검토한 '품사 전환'(시간부사, 명사, 형용사, 의존형태소, 관형사(구, 절), 부사(구, 절) 등으로 번역)과 '맥락 활용'(문장의 심층 구조를 활용하는 번역)의 번역 방법을 적용해 최대한의 등가 번역을 시도하는 과정을 구체적으로 예시하고자 한다.

<표 11>의 '영한 시간 번역의 단계별 내용과 번역 전략에 요약된 것처럼, 시간 표현과 관련된 영한 번역에서는 비등가를 줄이기 위해서, 1단계인 직역(동사에서 번역)과 2단계인 품사 전환 번역(시간부사, 명사, 형용사, 의존형태소 등에서 번역)을 거친 다음에도 비등가가 해소되지 못할 경우에는, 마지막 단계로서 맥락 활용 번역(문장의 연결 구조를 활용하는 번역)을 시도할 필요가 있다.

이는 시간 표현과 관련된 ST를 '품사 전환'과 '맥락 활용' 번역 방법을 적용하여 TT로 옮기는 과정을 통해서 효율적이고 바람직한 영한번역의 전략을 구축하기 위함이다.[35]

---

[35] 이하 인용문에서, ①, ❶, ②, ❷ 등의 번호는 필자의 설명을 위해 편의상 써 넣은 표시이며, 밑줄은 시제/시상이 표현된 동사(구)를 나타낸다. [ST 1]과 [ST 2]는 원작가의 원문이고, [TT 1]과 [TT 2]는 전문 번역사에 의한 기존 번역문, [TT 1-1]과 [TT 2-1]은 원문을 직역으로 옮긴 번역문, [TT 1-2]와 [TT 2-2]는 이 직역에 의한 번역문을 '품사 전환'하여 다시 옮긴 번역문, [TT 1-3]과 [TT 2-3]은 '품사 전환'에 의한 번역문을 '맥락 활용'하여 재차 옮긴 번역문, [TT 1-4]와 [TT 2-4]는 이상의 여러 과정을 거친 후 시간 표현과 관련하여 최대의 등가를 확보하기 위해 필자가 시도한 번역문의 예시이다.

[ST 1]

But there <u>came</u> a day, ① <u>barely</u> within Jem's memory, when Boo Radley ② <u>was heard</u> from and ③ <u>was seen</u> by several people, but not by Jem. ❶ He <u>said</u> Atticus ④ <u>never talked much</u> about the Radleys: when Jem ❸ <u>would question</u> him Atticus's only answer ⑤ <u>was</u> for him to mind his own business and let the Radleys mind theirs, they ⑥ <u>had</u> a right to; but ❹ when it <u>happened</u> ❷ Jem <u>said</u> Atticus ❺ <u>shook</u> his head and said, "Mm, mm, mm."

(Lee, 1995: 10-11)

[TT 1]

하지만 오빠[Jem]는 희미하게, 어느 날 몇몇 마을 사람들이 부 래들리에 관한 소문을 ② 듣고 또 그를 ③ 목격했다고 ① 기억했다. 아빠[Atticus]는 ④-1 지금 껏 한 번도 래들리 집에 관해 ④-2 언급하지 않으셨다고 오빠(He)가 말했다. 부에 관해 여쭤보면, 아빠는 래들리 집안 사람들 일은 그들에게 맡기고 네 일이나 알아서 하라고 ⑤-1 말씀하실 뿐이었다고 ⑤-2 한다. 그들에게는 그럴 만한 권리가 ⑥-1 있다는 ⑥-2 거다. 하지만 그럴 때면 아빠는 머리를 ❺ 흔드시며 "음, 음, 음" 하고 소리를 내셨다고 오빠는 말했다.

(김욱동 역, 2005: 25)

위 원문과 번역문을 비교해 보면, 전문 번역사가 원문이 나타내는 여러 동사들의 시제와 시상을 대체로 원만하게 표현함으로써 원문의 의미를 비교적 정확하게 살려서 생동감 있게 번역을 하고 있는 것을 알 수 있다. 한 예로, [ST 1]에서는 종속절 ②와 ③의 시제가 모두 과거 시제로 쓰였으나, [TT 1]에서는 ②는 현재 시제로 ③은 과거 시제로 번역되었다. [ST 1]에서 종속절에 나오는 ②와 ③의 병렬 구조는 앞에 나오는 주절의 서술어 'came'이 별도로 있기 때문에, 번역문에서는 과거 시제의 병렬 구조 대신에 현재 시제와 과거 시제로 각각 번역되어 있다. 이는 한국어에서 시제와 시상이 맨 마지막 서술어에서 표현되는 경향을 반영한 것이며, 이러한 관점에서 주절의 서술어에서만 시제를 정확하게 번역하고 종속절의 병렬 구조를 번역에 반영하지 않은 것이다. 다음 예문은 원문 [ST 1]을 필자 나름대로 직역의 방식으로 옮긴 번역문이다.

[TT 1-1]
하지만 ⑧ 어느 날이 있었다고 젬(Jem)은 ① 희미하게 기억하였다. 그 날에 ⑦ 자신이 들었거나 목격하지는 못했으나, 몇몇 마을 사람들이 '부 래들리'에 관한 소문을 ② 들었고 또 그를 ③ 목격했다. 아티쿠스(Atticus)는 '래들리' 집에 관해 ④-1 결코 ④-2 많이 언급하지 않으셨다고 그가 말했다. 그가 그에 관해 여쭤보면, 아티쿠스는 '래들리' 집안 사람들 일은 그들에게 맡기고 네 일이나 알아서 하라고 ⑤-1 말씀하실 뿐이었다고 ⑤-2 하였다. 그들에게는 그럴 만한 권리가 ⑥-1 있다는 ⑥-2 것이었다. 하지만 그럴 때면 ⑨ 젬은 말했다. 아티쿠스가 머리를 흔드시며 "음, 음, 음" 하고 소리를 내셨다고

직역 방식에 의한 위 번역문 [TT 1-1]은 아무래도 자연스럽지 못하고 어색한 면을 많이 갖고 있다. 다만, 원문에 나오는 'never talked much'를 [TT 1]에서는 '지금껏 한 번도'로 과장 번역한 것을 '결코 많이 언급하지 않으셨다고 옮김으로써 비교적 정확하게 바로잡는 효과를 나타내고 있다. 또한 [ST 1]에서는 ⑤의 시제가 과거인데, [TT 1]에서는 현재로 번역해야 할 ⑤-1을 과거로, 과거로 번역해야 할 ⑤-2를 현재로 번역하였는데, [TT 1-1]에서는 한국어에서 맨 마지막 서술어가 시제를 나타냄을 고려하여 ⑤-2를 과거 시제로 바꾸었다. [ST 1]에서는 ⑥의 시제가 과거이지만, [TT 1]에서는 ⑥-1과 ⑥-2를 모두 현재 시제로 번역하였기에, [TT 1-1]은 한국어에서 맨 마지막 서술어가 시제를 나타냄을 고려하여, ⑥-2를 과거 시제

로 번역하였다.

위와 같이 직역 방식으로 옮겨진 [TT 1-1]은 원문의 시제와 시상을 상당히 근접하게 살려주는 장점을 갖고 있음을 알 수 있다. 하지만 시제와 시상을 인위적으로 맞추려다 보니 어색하고 부자연스런 우리말 표현을 피할 길이 없는데다가 인명을 나타내는 대명사가 지칭하는 사람을 정확히 표현하지 못한다는 단점이 따른다. 다음은 품사를 추가하거나 전환하여 옮긴 번역문이다.

[TT 1-2]
하지만 오빠(Jem)는 자신이 들었거나 목격하지는 못했으나, 몇몇 마을 사람들이 '부 래들리'에 관한 소문을 들었고 또 그를 목격했던 어느 날이 있었다고 희미하게 기억하였다. ❶ 오빠 말로는, 아빠(Atticus)는 '래들리' 집에 관해 결코 언급하지 않으셨다. 가끔 오빠가 '부'에 관해 여쭤보면, 아빠는 '래들리' 집안 사람들 일은 그들에게 맡기고 네 일이나 알아서 하라고 말씀하실 뿐이었다. 그들에게는 그럴 만한 권리가 있다는 것이었다. 하지만 ❷ 오빠 말로는, 그럴 때면 아빠는 머리를 흔드시며 "음, 음, 음" 하고 소리를 내셨다.

먼저, 직역인 [TT 1-1]에서 첫 번째 문장과 두 번째 문장의 연결이 부자연스럽기 때문에, 이를 수정하는 번역이 필요하기에, 두 번째 문장의 주절인 ❶ 'He said'를 부사구로 바꾸어 '오빠 말로는'으로 품사를 전환하여 번역하면 훨씬 더 자연스러워진다. 이와 마찬가지로, ❷ 'Jem said' 역시 부사구로 바꾸어, '오빠 말로는'으로 품사 전환을 해서 번역하면, [TT 1-1]의 문장이 한국어답게 순차적으로 매끄럽게 연결될 수 있다. 물론 이와 같이 품사 전환 번역을 문두에서 하면 말미에 가서 [TT 1-1]에 나오는 "❺-❷ 하였다"와 같은 말을 덧붙이지 않음으로써 이중 번역이 되지 않도록 신경 써야 한다. [ST 1]의 ④와 ⑤사이에 있는 would question의 would는 불규칙적 습관을 나타내는 법조동사인데, [TT 1]에서는 이를 의식하여 번역하지 않았는데, [TT 1-2]에서는 시간부사 '가끔'을 추가함으로써 시간 관련 품사를 활용하여 번역하고 있다. 이상과 같이 품사 전환을 하면, 영어 어순에 맞으면서도 한국어답게 순차번역이 될 수 있으며, 이중 번역을 피할 수 있지만, 여전히 영어 어순에 맞게 매끄럽게 번역이 되어 있지 않은 부분이 남기에, 다음과 같은 맥락 활용 번역이 필요하다.

[TT 1-3]
하지만 오빠(Jem)는 자신이 들었거나 목격하지는 못했으나, 몇몇 마을 사람들이 '부 래들리'에 관한 소문을 들었고 또 그를 목격했던 어느 날이 있었다고 희미하게 기억하였다. 오빠 말로는, 아빠(Atticus)가 '래들리' 집안 얘기를 여간해선 하지 않으셔서, 가끔 오빠가 '부'에 관해 물어보기라도 하면, 아빠는 '래들리' 집안사람들 일은 그 집안의 일이니 그들이 알아서 하도록 상관하지 말라는 말씀만 하실 뿐이었다. 그들에게는 그럴 만한 권리가 ⑥-1 있다는 것이었다. 하지만 오빠의 말에 따르면, <u>설사 아빠가 어쩌다 얘기하는 경우에도</u>, 고개를 ❺ <u>저으시며</u> "음, 음, 음" 소리만 냈다는 거였다.

[ST 1]에 쓰인 동사는 모두 과거 시제로 이루어져 있지만, 우리말 번역문에서 사용된 동사에는 과거와 현재 시제가 섞여 있는 것을 확인할 수 있다. 이것은 주로 한국어 문장에서 동사들을 이어서 쓸 경우, 맨 마지막 동사에서 시제를 나타내는 경향 때문일 것이다. 이처럼 번역문의 시제를 시간적인 맥락에서 옮긴 [TT 1-3]의 동사 가운데, 현재 시제로 쓰인 ⑥-1 "있다는"과 ❺ "저으시며"가 여기에 해당되며, 이를 "있었다는"이나 "흔드셨으며/저으셨으며"로 번역하면, 오히려 한국어답지 못한 문장이 된다.

[ST 1]이 나타내는 전체 의미를 바탕으로 ❸ 'would question'이 의미하는 '과거 불규칙 습관을 고려할 때, ❹ 'when it happened'는 단 한 번의 일이 아니라, "과거에 종종 그러하였다"는 식으로 시상을 가미하여 번역해 주는 것도 매우 적절한 발상처럼 보인다. 따라서 '그럴 때면'을 '그럴 때마다 혹은 '설사 아빠가 어쩌다 애기하는 경우에도'와 같이 약간 변화를 주어 옮기는 것이 한층 더 적절할 것이다.

이상과 같은 시간 표현 분석 방법들을 바탕으로 비등가를 가능한 한 피하고 등가를 최대한 확보할 수 있는 번역문을 필자 나름대로 만들어 보면 다음과 같다.

[TT 1-4]
하지만 오빠(Jem)는 자신이 들었거나 목격하지는 못했으나, 몇몇 마을 사람들이 '부 래들리'에 관한 소문을 들었고 또 그를 목격했던 어느 날이 있었다고 희미하게 기억하였다. 오빠 말로는, 아빠(Atticus)가 '래들리' 집안 애기를 여간해선 하지 않으셔서, 가끔 오빠가 '부'에 관해 물어보기라도 하면, 아빠는 '래들리' 집안사람들 일은 그 집안일이니 그들이 알아서 하도록 상관하지 말라는 말씀만 하실 뿐이었다. 오빠의 말에 따르면, 설사 아빠가 어쩌다 애기하는 경우에도, 고개를 저으시며 "음, 음, 음" 소리만 냈다는 거였다.

물론 이 번역문조차도 완전할 수는 없겠으나 시간 관련 표현에 대한 영한 번역에서의 발전 전략을 탐색하기 위한 시도의 일환으로 제시할 따름이다. 아울러 마찬가지 방식으로 다른 원문 [ST 2]에 대한 번역문을 분석해 본다.

[ST 2]

The engagement policy that the Korean government ① has been pursuing ② is designed to enhance inter-Korean confidence-building and the easing of tensions on the Peninsula. A prime example ③ is the Gaesung Industrial Complex ⑤ where 700 South Koreans and 15,000 North Koreans ④ are working together every day.

(「제 4차 제주평화포럼 영문 오찬사」, 2007. 6. 22.)

[TT 2]

한국정부가 ① 추진해 온 대북 포용정책은 바로 남·북간의 신뢰구축과 긴장완화를 위한 ② 노력이었습니다. 좋은 예가 ③ 개성공단입니다. ⑤ 현재 개성공단에서는 700여명의 남측 근로자와 1만5천명의 북측 근로자들이 함께 ④ 일하고 있습니다.

(「제 4차 제주평화포럼 국문 오찬사」, 2007. 6. 22.)

[ST 2]를 직역의 방법을 이용하여 가능한 한 단어 대 단어 식으로 우리말로 옮겨보면 다음과 같다.

[TT 2-1]

한국정부가 추진해 온 포용정책은 한국내의 신뢰를 높이고 긴장을 완화하도록 ② 구상되어 있습니다. 좋은 예가 개성공단입니다. 거기에서는 700명의 남한인과 1만5천명의 북한인들이 매일 함께 일하고 있습니다.

[ST 2]에서 ②는 현재 수동 시상을 나타내는데, [TT 2]에서 ②는 "노력이었습니다"로 과거 어미 '-었'을 사용하여 과거 능동으로 번역되었다. 이것은 [ST 2]가 현재의 상태를 설명하고 있는 문구임을 고려할 때, 시간 번역에 있어서 비등가가 일어났기에, 직역인 [TT 2-1]에서는 ②를 "있습니다"

와 같이 현재로 옮기고 있다. 물론 이때 한국어에서는 문장을 능동으로 전개하는 것이 자연스럽기에 수동태로 바꿔줄 필요는 없다. 또 충실한 직역 방식에 따라 [TT 2]에서의 '700여명' 대신 '700명'으로 옮기고 있다. 한편 [ST 2]에 나오는 'every day'의 의미를 살려 '매일'로 옮겨주고 있다.

다음은 가능한 한 원문의 어순에 맞게 시제와 시상을 최대한 살리기 위해서 품사를 적절하게 전환하여 옮긴 번역문이다.

[TT 2-2]
한국정부가 추진해 온 포용정책은 남·북간의 신뢰구축과 긴장완화를 위한 것입니다. 좋은 예가 개성공단입니다. ⑤ <u>현재 개성공단에서는</u> 700명의 남측 근로자와 1만5천명의 북측 근로자들이 매일 함께 일하고 있습니다.

위의 번역문에서 품사 전환은 [ST 2]에 있는 관계부사 ⑤ 'where'에서 나타나고 있다. 이 관계부사는 [TT 2-2]에서 '현재 개성공단에서는'이라는 구체적인 부사구로 품사 전환되어 번역되었다. 결과적으로 이로 인하여 번역문의 어순이 원문의 어순에 맞으면서도 단어간에 비교적 자연스럽게 연결되어 있다. 다만 이러한 품사 전환 방식으로 시제와 시상의 일치를 가급적 도모한다 할지라도, 여전히 원문의 어순에 맞도록 매끄럽게 번역되지 않는 부분이 남아 있기에 다음과 같이 맥락을 활용한 번역문을 만들어볼 필요성이 제기된다.

[TT 2-3]
한국 정부가 추진해 온 대북 포용정책은 남·북간의 신뢰구축과 긴장완화를 위한 것입니다. 그 좋은 예가 개성공단입니다. 현재 개성공단에서는 700명의 남측 근로자와 1만5천명의 북측 근로자들이 매일 함께 일하고 있습니다.

위의 번역에서 눈에 띄게 맥락을 적절히 활용하여 번역한 부분은 '대북'이란 표현을 추가하여 포용의 대상을 명백히 밝혀주고 있는 것이다. 또한 [ST 2]에 나오는 관계부사인 ① 'where'는 여기에서도 '현재 개성공단에서는'이라는 부사구로 [TT 2-2]에서와 마찬가지로 번역되어 있으나 이 부사구가 앞의 문장과의 연결을 여전히 매끄럽게 보장해 주지는 못한다. 따라서 앞의 문장 서두에 시간 표현을 맥락에 맞게 받아주는 시간지시 관사 내지 형용사인 '그'(앞에서 이미 말한 대상을 가리킬 때 쓰는 말)를 추가하고 있다.

이상과 같은 시간 표현 방법들을 바탕으로 비등가를 가능한 한 피하고 등가를 최대한 확보할 수 있도록 시도해본 필자의 번역문은 다음과 같지만, 이 번역문조차도 완전할 수는 없으며 다만 시간 관련 표현에 대한 영한 번역에서의 발전 전략을 위한 시도의 일환으로 제시할 따름이다.

[TT 2-4]
한국정부가 그간 추진해 온 대북 포용정책은 바로 남·북간의 신뢰구축과 긴장 완화를 위한 것입니다. 그 좋은 예가 개성공단입니다. 현재 개성공단에서는 700명의 남측 근로자와 1만5천명의 북측 근로자들이 매일 함께 일하고 있습니다.

이상의 번역 사례 분석을 해오는 가운데, 다양한 유형의 ST에서 인용된 원문들은 시간 표현상 특징을 지니고 있음을 확인할 수 있었다. 필자는 다양한 유형의 ST를 검토하며 품사를 전환하거나 맥락을 활용하여 번역해보는 과정에서, 영문 ST마다 시제와 시상의 사용이 한정적인 경우가 많음을 알게 되었다. 대체로 단순 현재 시제와 단순 과거 시제 중심으로 원문이 전개되고 있으나, 특정 문학작품에서는 작가의 관점에 따라서 과거 시제와 완료 시상이 빈번하게 쓰이는 경우가 있었다. 한편 연설문에서는 진행 시상이나 미래 완료와 같은 시간 표현을 찾기가 매우 힘들었다.

이와 같은 영문 ST의 시간 표현상 특징으로부터, 영한 번역 전략의 필요성과 발전 과제에 대한 시사점을 얻을 수 있다. 즉, 개별 ST마다 시간 표현이 편중된 상황에서 영어의 시제와 시상을 한국어에서 동사로만 직역하면 아주 어색하거나 단조로운 문장이 생성된다. 그렇기 때문에, 번역 과정에서 품사를 적절하게 추가하거나 전환하고 맥락을 잘 활용하면 할수록 자연스럽고 활기찬 한국어 번역문의 생산이 가능해진다.

이런 견지에서, 시간 표현에 대한 영한 번역에서는 특정 유형의 시제와 시상을 그대로 직역하는 데 집착하기보다는 원문에 없는 품사를 추가하거나 원문에 나오는 품사를 다른 품사로 전환함으로써, 또 어미 활용과 같이 주어진 맥락을 적극 활용함으로써 능률적이고 발전적인 번역 전략을 수립할 수 있을 것이다.

예를 들면, 과거 시제 편중의 영문을 한국어답게 번역하기 위해서 품사 전환과 맥락 활용을 과감하게, 그리고 적극적으로 사용하는 번역 전략이 필요하다. 번역문의 단조로움과 어색함을 피하기 위해서는 다양한 한국어 어미의 능숙한 사용뿐만 아니라 품사 전환 내지 맥락 활용을 통하여 번역 기법을 연마하기 위한 지식과 안목을 키워야 한다.

따라서 영한 번역사와 영어 교사는 영문 ST에서 사용된 시제와 시상 등의 시간 표현을 의미상 등가를 유지하며 한국어로 번역하는 원리와 방법을 이해하는 데서 출발하여, 한국어 TT 시간 표현의 다양함과 신선함을 한국인 독자들에게 안내하고 보여줄 수 있도록 영어 시간 표현에 대한 번역 기법을 꾸준히 익히고 개발할 필요가 있다.

4.

밝힌 문제와 남은 과제

이 책에서는 영어 품사 가운데 한국인이 배우기가 비교적 어렵다고 알려져 있는 동사의 시간 표현 문제를 중심으로 놓고, 시간의 언어화와 번역 문제를 다뤄보았다. 그 결과로, 이 책에서 밝힌 문제와 남은 과제는 다음과 같이 제시해 볼 수 있다.

언어의 문법 체계인 시제(tense)는 엄격한 의미에서 시간(time)이 아니며, 시상(aspect)은 시간과 간접적으로 관련되어 있을 뿐이다. 또한 시간을 체계화시키는 방식은 각각의 언어마다 다르기 때문에, 시간이 언어화된 시제와 시상은 언어에 따라 다르다. 그래서 시간이 언어화된 시간 표현에 대하여 영문학, 국어학, 언어학 등에서 연구된 결과를 종합적으로 비교하는 번역학 연구가 필요하다.

그럼에도 불구하고 선행 연구물과 학술 문헌에서는 시제 및 시상과 관련된 표현을 번역할 때 야기되는 비등가 문제들을 단편적으로만 조명하려 해왔다. 자연히 영어와 한국어 두 언어 사이의 시간 관련 비등가의 원인들 가운데, SL과 TL의 불일치에 대한 종합적인 비교와 분석이 이루어지지 못한 상태에서, ST와 TT의 불일치 사례에 관심을 집중해온 경향이 있다. 그럼으로써 영한 번역의 핵심 영역이라고 할 수 있는 시간 번역의 비등가를 줄이기 위한 번역 방법은 체계적으로 논증되지 못해 왔다.

이런 이유에서, 이 책에서는 시간 표현과 관련된 영한 번역의 관점에서 시간의 언어화와 번역에 대한 문제를 종합적으로 비교해 보고자 하였다. 즉, 시간 표현과 관련된 영한 번역 비등가 상황이 일어날 경우, 그 원인이 무엇이며, 그에 대응하여 번역의 비등가를 줄이기 위한 주요 전략이 무엇인가를 탐색하고자 하였다.

이 주제를 고찰하기 위해서, 이 책에서는 먼저 선행 연구를 폭넓게 분석하였고, 그 분석 결과를 바탕으로 다양한 번역 사례를 검토하였다. 선행 연구를 분석하는 데 있어서는, 우선 '영어 시제와 시상'에 대한 선행 연구들을 검토하였고, 이어서 '영한 번역에 있어서 시제와 시상'을 논의한 선행 연구들을 살펴보았다. 또한 이 책은 SL의 시제와 시상을 TL로 번역하는 문제를 전반적으로 다루기 때문에, 기존 학술 문헌과 연구들에서 비교적 소홀하게 다룬 한국어의 시제와 시상을 논의한 매우 다양한 관점의 선행 연구들도 자세히 검토하여, 그 분석 결과를 종합해보았다.

제 2장에서 영어와 한국어의 시간 표현 방식을 살펴본 바에 의하면, 시간과 관련된 영한 번역에서는 비등가가 두 가지 측면에서 발생할 수 있

다. 먼저, 시간의 언어화 방식의 차이(영어의 동사변화 대 한국어의 어미 활용) 때문에 비등가가 일어날 수 있고, 둘째로 언어화 방식 이외의 다양한 원인에 의해서도 비등가가 일어날 수 있다(<표 10> "영한 시간 번역 비등가 원인에 따른 등가 제고 전략" 참조).

이런 까닭에 시간과 관련된 영한 번역은 영어학과 국어학에서 각각 연구된 시간의 표현 방식을 단순하게 차용하는 것만으로는 설명되기 힘든 면이 있으며, 영어와 한국어의 시간 표현을 언어와 문화 측면에서 종합적으로 검토하는 번역학 고유의 시간 번역 작업이 필요하다. 그래서 이 책에서는 먼저, 시간 포착의 다양성을 고찰하여 영어와 한국어에서 시간이 시제와 시상으로 언어화되는 방식을 비교하였다. 이어서 그 결과에 근거하여 시간과 관련된 영한 번역을 할 때 일어나는 비등가 문제를 찾아서 항목별로 분석하고 그 비등가 사례를 분류하여 검토하였다. 그리고 이로부터 도출된 비등가 원인을 바탕으로 다양한 영한 번역 사례를 다시 검토하여 시간과 관련된 영한 번역의 전략을 구체적으로 예시하였다.

특히 사례 분석에서 이 책에서는 시간과 관련된 영한 번역의 비등가에 대처하여, 번역사가 시간 현상을 중심으로 삼고, 직역 이외에 두 가지 번역 전략, 즉 '통사론적 번역 전략: 품사 전환 번역'과 '화용론적 번역 전략: 맥락 활용 번역'을 순차적으로 시도할 필요가 있음을 논증하였다. <표 11>에 제시된 품사 전환 번역과 맥락 활용 번역은 문장의 길이가 짧은 단문에서는 적용할 필요가 없는 경우가 많다. 품사 전환을 통한 통사론적 번역이란 영어의 시제와 시상을 한국어에서 동사가 아니라 시간부사, 명사, 형용사, 의존형태소 등에서 번역해주는 것을 말한다. 한편, 맥락 활용 번역이란 두 문장 이상으로 쓰였거나 시제와 시상이 여러 개가 사용된 영어 ST를 국어 TT에서 심층 구조를 활용하여 맥락 속에서 어미 활용 등을 통하여 번역해 주는 것을 말한다. 맥락 활용 번역과 품사 전환 번역은 때에 따라서는 동시에 적용되는 경향이 있다. 바꾸어 말해서, 영어 문장들이 길게 연결되어 시제와 시상이 여러 개가 쓰이면, 직역과 품사 전환 번역만으로는 자연스런 한국어 번역문을 만들기가 힘들뿐만 아니라 비등가가 일어날 가능성이 높다. 따라서 맥락 활용 번역 전략을 사용하여 영어 ST의 어순에 맞고 한국어 TT 문맥에 맞게, ST의 시제와 시상을 TT에서 심층적으로 번역해주는 전략이 바람직하다.

시간 표현은 일반적인 시간 현상을 기준으로 하는 것이기 때문에 굳이 직역을 회피할 필요는 없으며, 영한 시제와 시상 번역시 직역을 먼저 시도해 보는 것도 한 방법이다. 그러나 한국어에서는 문장이 연결되거나 종속절이 있을 경우, 시제 일치를 시킨 직역이 영어와 다르게 어색한 표현으로 간주되고, 주절의 서술어에서만 시제와 시상을 정확하게 나타내는 시제 불일치의 경향이 일반적이기 때문에, 통사론적 번역 전략과 화용론적 번역 전략이 불가피하다. ST가 단문일 경우에는 직역을 해도 무리가 없을 수 있겠으나, ST가 여러 문장으로 이어져 있거나 종속절이 있을 경우에는 주절의 서술어에서만 직역이 제한적으로 시도될 뿐 과감한 의역이 필요한 경우가 있다. 특히 직역으로써 영문 ST의 시제와 시상을 한국어답게 전달할 수 없는 경우에는, 주절의 서술어마저도 품사를 전환하거나 맥락을 활용하여 번역할 필요가 있다.

'통사론적 번역 전략: 품사 전환 번역' 측면에서 보면, 영어와 한국어는 '시간의 언어화 단위의 차이', '시간의 언어화 방법의 차이', '시간의 언어화 단위에 중복되는 기능의 차이', '시간부사 기능과 의미의 차이'로 인하여, 시제와 시상의 직역이 힘든 경우가 흔하다. 시간의 언어화 단위가, 영어에서는 동사와 법조동사에 한정되어 동사(구)에서 시제와 시상이 표현되지만, 한국어에서는 시간의 언어화 단위가 어미와 시간부사 이외에도 여러 가지가 있으며, 시간어미는 동사뿐만 아니라 관형사절과 부사절 등에도 다양하게 붙을 수 있다. 즉, 영어에서는 표현하고자 하는 시제와 시상에 적합하게 동사를 변화시키고 법조동사를 선택함으로써 동사(구)에서 현재, 과거, 미래 시제와 완료 및 진행 시상을 모두 나타낸다. 이에 비하여 한국어에서는 시제와 시상이 영어처럼 동사에 의해서만 표현되는 것이 아니다. 한국어에서는 시제와 시상이 동사 이외에 시간부사에 의해서 다양하게 표현될 수 있으며, 이밖에도 명사, 형용사, 의존형태소, 관형사(구, 절), 부사(구, 절) 등에 의해서도 다양하게 표현되고 있어서, 시간과 관련된 영한 번역에 있어서 비등가를 줄이기 위해서는 통사론적 측면에서 품사 전환 번역을 시도할 필요가 있다.

한편, 화용론적 번역 전략의 측면에서 볼 때, 시간 표현과 관련된 영한 번역의 비등가는 언어화 방식의 차이 이외의 원인에 의해서도 일어난다. SL과 TL의 시제 및 시상과 시간 현상과의 차이, SL과 TL 시제와 시상 사이의 문화적 차이, ST 저자의 필체와 인식의 배경 등이 그 원인으로 제시될 수 있는데(<표 10> 참조), 이러한 비등가에는 순차적 시간번역과 같은 심층적 의미를 고려하여, 맥락 활용 번역을 시도함으로써 대처할 수 있는 부분이 있다. 왜냐하면 한국어는 영어처럼 구조적인 언어가 아니며 문장의 맥락을 활용하여 시간을 표현하는 특성이 매우 강한 언어이기 때문이다.

그래서 <표 11>의 '영한 시간 번역의 단계별 번역 전략에 요약된 것처럼, 시간 표현에 대한 영한 번역에서 비등가를 줄이기 위해서는, 1단계인 '직역'(동사에서 번역)과 2단계인 '품사 전환 번역'(시간부사, 명사, 형용사, 의존형태소 등에서 번역)을 거친 다음에도 비등가가 해소되지 않을 경우에는, 마지막 단계로서 '맥락 활용 번역'(문장의 심층구조를 활용하는 번역)을 시도할 필요가 있다.

이상의 내용을 고려하면, 영한 번역사와 영어 교사는 시간을 영어로 표현한 영문의 시제와 시상이 영어 문화권 속에서 인식되어 기술된 언어적 시간이라는 사실에 주목하여야 한다. 시간 번역이란 하나의 문화권에서 구체화된 언어 기호를 전혀 다른 문화권의 언어 기호로 전환시키는 작업이라는 것이다. 이런 견지에서 영한 번역사와 영어 교사는 시제와 시상 등의 영문 시간 표현을 단어와 문장 수준에서 등가를 유지하면서 한국어로 직역하기 힘든 경우에, 품사를 적절하게 전환하여 번역하는 통사론적 번역 전략과 맥락을 활용하여 번역하는 화용론적 번역 전략을 효과적으로 구사할 필요가 있다. 이와 같은 시간 표현에 대한 넓은 안목과 깊은 지식을 기르는 것이 영한 번역과 영어 교육의 중요한 관건이요 과제이다. 그래서 영한 번역과 영어 교육의 발전은 특정 유형의 시제와 시상을 사용하는 경향이 강한 구조적인 영문 ST에 대하여 품사전환과 맥락활용 번역 전략을 디자인 해내는 능력의 형성으로부터 보다 크게 성취될 수 있을 것이다. 예를 들면, 과거시제 편중의 영문 ST를 한국어답게 가르치고 번역하기 위해서 사용될 수 있는 품사전환과 맥락활용 번역 기법을 다양하게 익히고 개발하는 것이 필요하다. 한국어 번역문의 단조로움을 피하기 위해서, 다양한 한국어 어미의 능숙한 사용, 영문 ST의 동사들에 표현된 시간을 한국어 TT에서 다채롭게 품사전환 내지 맥락활용 번역할 수 있는 안목과 지식을 형성하여야 한다.

　따라서 영한 번역사와 영어 교사는 영어 SL에서 표현되는 영어 문화권의 시제와 시상을 등가를 유지하며 한국어 TL로 번역하는 방법을 전체적으로 이해하는 것으로부터 출발하여, 영문 ST의 동사들에 표현된 시간을 한국어 TT에서 다양하고 신선하게 보여줄 수 있는 세부적인 번역 기법을 꾸준히 개발할 필요가 있다.

참고문헌

강자모. 2002. 「(통)문화적 텍스트로서의 현대 인디언 문학」. 새한영어영문학회 편. 『2002년도 새한영어영문학회 봄 학술발표회 논문요약집』. 77-92.

곽은주·최정아·진실로·김세정 공역. 2005. 『말 바꾸기』. 서울: 한국문화사 (Mona Baker. *In Other Words: A coursebook on translation.* London: Routledge).

길본일. 2006. 「시간 표현의 인지언어학적 연구」. 부산대학교 대학원 국어국문학전공 박사학위논문.

김도훈. 2006. 「문화소의 부등성 극복을 위한 번역전략: 부산 관광지 안내 표지판 및 책자를 중심으로」. 한국번역학회 편. 『KATS 2006년 가을 학술대회』. 자료집. 95-107.

김상태. 2005. 『현대국어 시간 표현 어휘 연구: 시간부사의 형태·의미·계량적 접근을 중심으로』. 서울: 학고방.

김정오. 2004. 「영어 시제·상과 시간부사구와의 상관관계」. 조선대학교 대학원 영어영문학전공 박사학위논문.

김지원. 1997. 「번역학의 성립과 그 전망」, 『비평문학』 제 11호. 한국비평문학회. 117-136.

_____. 2000. 「번역 연구의 발전과 번역학의 현황」, 『번역학연구』 제 1권 제

1호. 한국번역학회. 9-31.

_____. 2004. 「번역학의 어제와 오늘」,『번역학연구』제 5권 제 1호. 한국번역학회. 55-75.

김천학. 2007. 「국어의 동사와 상에 관한 연구」. 서울시립대학교 대학원 국어국문학 박사학위논문.

문숙영. 2005. 「한국어 시제 범주 연구」. 서울대학교 대학원 국어학 박사학위논문.

민현식. 2004.『국어의 시상과 시간부사』. 서울: 한국학술정보

박노민. 1989. 「영어상 연구」. 고려대학교 대학원 박사학위논문.

박용삼 역. 1990.『번역학이란 무엇인가?』. 서울: 숭실대학교 출판부.

박정운. 1998. 「앞으로 한달 뒤에 만납시다: 시간의 개념적 은유」, 한국외국어대학교 외국어 종합연구센터 언어연구소 편.『언어와 언어학』제 23권. 85-110.

박지애. 2001. 「영어의 시제와 상에 관한 의미 연구」. 계명대학교 대학원 영어영문학과 박사학위논문.

박 철. 2004. 「한국인과 중국인의 영어 시제·상 습득 연구」. 단국대학교 대학원 영어영문학과 박사학위논문.

방경태. 2003. 「1930년대 한국 도시소설의 시간과 공간 연구」. 대전대학교 대학원 국어국문학 박사학위논문.

배진영. 2005. 「국어 관형절 어미에 관한 연구: 시간 관련 의미를 중심으로」. 홍익대학교 대학원 국어학전공 박사학위논문.

백문규. 1987. 「영어시제와 상의 의미론적 연구」. 고려대학교 대학원 박사학위논문.

서정수. 2008.『한국어의 부사』. 서울: 서울대학교 출판부.

성백환. 1998. 「명제적 순차 번역과 영어 독해 교육」,『Foreign Languages Education』Vol.5 No.1. 한국외국어교육학회. 179-194.

_____. 2003. 「심층적 순차번역의 방법과 의의」, 『번역학연구』 제 4권 제 2호. 한국번역학회. 117-129.

_____. 2006. 「무생물 주어로 시작되는 타동사 문장의 순차번역 전략」, 『번역학연구』 제 7권 제 1호. 한국번역학회. 105-129.

송현옥. 1999. 「Adrienne Kennedy 극의 '기억'에 관한 연구: 요술 거울에 비친 굴절된 자화상」, 『현대영미드라마』 제 11호. 한국현대영미드라마학회. 57-83.

양재용. 2003. 『영미시 입문』. 서울: 동인.

_____. 2007. 『T.S. 엘리엇 문학과 베르그송 철학』. 서울: 한국학술정보.

유명우. 2000. 「한국의 번역과 번역학」, 『번역학연구』 제 1권. 한국번역학회. 229-248.

이근희. 2003. 「문화와 밀접한 상관어의 번역 전략」, 『번역학연구』 제 4권 제 2호. 한국번역학회. 5-27.

이기동. 2000. 『인지언어학』. 서울: 한국문화사.

이기용. 1998. 『시제와 양상: 가능세계의 미론』. 서울: 태학사.

이수득. 2003. 「국어 선어말어미의 의미와 해석에 관한 연구: 시제, 상, 양상성을 중심으로」. 서강대학교 대학원 국어국문학전공 박사학위논문.

이종일. 2001. 「번역의 어려움과 재미: 조이스의 "젊은 예술가의 초상" 두 번역본」, 『안과밖: 영미문학연구』 제 11권. 영미문학연구회. 223-239.

이창학. 1995. 「영어 시제·상의 개념구조적 기술」. 충남대학교 대학원 박사학위논문.

표현석. 2005. 「사무엘 베케트의 극에 나타난 시간과 공간」. 전남대학교 대학원 영어영문학전공 박사학위논문.

하병학. 2000. 「후설의 베르나우 원고에서의 시간 의식에 대한 새로운 현상학」, 『철학과 현상학 연구』 제 15권. 한국현상학회. 175-194.

한국영어영문학회 편. 2008. 『한국영어영문학회 논문작성지침서』. 서울: (사)한국영어영문학회.

홍재성. 2002. 「동사(1)」, 『새국어생활』 제 12권 제 3호. 국립국어연구원. 125-143.

황세정. 2004. 「번역 텍스트의 언어 사용역(register) 연구」, 『번역학연구』 제 5 권 제 1호. 한국번역학회. 183-203.

Albom, M. 1999. *Tuesdays with Morrie: An Old Man, a Young Man, and Life's Greatest Lesson.* New York: Doubleday.

Allan, K. 2001. *Natural Language Semantics.* Massachusetts: Blackwell Publishers Ltd.

Azar, B. S. 1999. *English Grammar.* London: Longman.

Baker, M. 1998. *Routledge Encyclopedia of Translation Studies.* New York: Routledge.

Beckett, S. 1954. *Waiting for Godot.* New York: Grove Press.

Binnick, R. I. 1991. *Time and the Verb: A Guide to Tense and Aspect.* Oxford: Oxford UP.

Christie, A. 2001. *And Then There Were None.* New York: St. Martin's Paperbacks.

Comrie, B. 1976. *Aspect: An Introduction to the Study of Verbal Aspect and Related Problems.* Cambridge Textbooks in Linguistics. Cambridge UP.

_____. 1985. *Tense.* Cambridge Textbooks in Linguistics. Cambridge UP.

DeCapua, A. 2008. *Grammar for Teachers: A Guide to American English for Native and Non-Native Speakers.* New York: Springer.

Eastwood, J. 1999. *Oxford Practice Grammar.* Oxford UP.

Geertz, C. 2000. *The Interpretation of Cultures.* New York: Basic Books.

Hatim, B. and Mason, I. 1990. *Discourse and the Translator.* London: Longman.

_____ and Munday, J. 2004. *Translation: An Advanced Resource Book,* New York: Routledge.

Hawthorne, N. 2000. *The Scarlet Letter.* New York: The Modern Library.

Lee, H. 1995. *To Kill a Mockingbird*. New York: Grand Central Publishing.

Lessing, D. 2000. *The Grass is Singing*. New York: HarperPerennial.

Lester, M. 2008. *McGraw-Hill's Essential ESL Grammar*. The McGraw-Hill Companies.

Matsuno, K. and Salthe, S. N. 2002. "The Origin and Development of Time." *International Journal of General Systems, 31*(4), 377-393.

Matthews, P. 2001. *A Short History of Structural Linguistics*. Cambridge: Cambridge UP.

Mozersky, J. M. 2000. "Time, Tense and Special Relativity." *International Studies in the Philosophy of Science, 14*(3), 221-236.

Olsen, M. B. 1997. *A Semantic and Pragmatic Model of Lexical and Grammatical Aspect: Outstanding Dissertations in Linguistics*. Routledge.

Ortony, A. ed. 1979. *Metaphor and Thought*. London: Cambridge UP.

Pym, A. 1993. *Epistemological Problems in Translation and its Teaching: A seminar for thinking students*. Calaceit, Spain: Caminade.

Radford, A. 2001. *Syntax: A minimalist introduction*. London: Cambridge UP.

Shuttleworth, M. and Cowie, M. 1997. *Dictionary of Translation Studies*. Manchester: St. Jerome Publishing.

Snell-Hornby, M. 1995. *Translation Studies*. Amsterdam: John Benjamins Publishing Co.

Sorvali, I. 1996. *Translation Studies in a New Perspective*. N.Y.: Europaischer Verlag der Wissenschaften.

Viaggio, S. 1994. "Theory and Professional Development: or Admonishing Translators to be Good," in Dollerup, C. and A. Lindegaard (eds.) *Teaching Translation and Interpretation 2*. Amsterdam/Philadelphia: John Benjamins, 97-107.

Williams, J. and Chesterman, A. 2002. *The Map: A Beginners's Guide to Doing Research in Translation Studies.* Manchester: St. Jerome Publishing.

국립국어원 홈페이지의 표준국어대사전 (http://www.korean.go.kr)

야후 홈페이지의 한영사전 (http://kr.dic.yahoo.com/search/eng)

외교통상부 홈페이지의 장관 연설문
(http://www.mofat.go.kr/press/majoractivity/speech)

청와대 국문 홈페이지의 대통령 연설문
(http://www.president.go.kr/kr/president/speech/speech_list.php)

청와대 영문 홈페이지의 대통령 연설문
(http://english.president.go.kr/pre_activity/speeches/speeches_list.php)

분석 텍스트

		문학작품
1	ST	Lee, H. 1995. *To Kill a Mockingbird*. New York: Grand Central Publishing.
	TT	김욱동 역. 2005. 『앵무새 죽이기』. 서울: 문예출판사 (Nelle Harper Lee. *To Kill a Mockingbird*. New York: Grand Central Publishing).
2	ST	Albom, M. 1999. *Tuesdays with Morrie: An Old Man, a Young Man, and Life's Greatest Lesson*. New York: Doubleday.
	TT	공경희 역. 2007. 『모리와 함께한 화요일』. 서울: 세종서적 (Mitch Albom. *Tuesdays with Morrie: An Old Man, a Young Man, and Life's Greatest Lesson*. New York: Doubleday).
3	ST	Lessing, D. 2000. *The Grass is Singing*. New York: HarperPerennial.
	TT	이태동 역. 2008. 『풀잎은 노래한다』. 서울: 민음사 (Doris Lessing. 2000. *The Grass is Singing*. New York: HarperPerennial).
4	ST	Christie, A. 2001. *And Then There Were None*. New York: St. Martin's Paperbacks.
	TT	김남주 역. 2006. 『그리고 아무도 없었다』, 애거서 크리스티 전집2. 서울: 황금가지 (Agatha Christie. *And Then There Were None*. New York: St. Martin's Paperbacks).
5	ST	Hawthorne, N. 2000. *The Scarlet Letter*. New York: The Modern Library.
	TT	박경미 역. 2005. 『주홍 글씨』. 서울: 혜원출판사 (Nathaniel Hawthorne. 2000. *The Scarlet Letter*. New York: The Modern Library).
		비문학작품
6	ST	"Congratulatory Remarks by President Lee Myung-bak at the Opening of the World Knowledge Forum 2008" (2008. 10. 15, 대한민국 청와대 영문 홈페이지의 대통령 연설문)
	TT	「제 9회 세계지식포럼 개막식 축사」 (2008. 10. 15, 대한민국 청와대 홈페이지의 대통령 연설문)

7	ST	「제4차 제주평화포럼 영문 오찬사」 (2007. 6. 22, 대한민국 외교통상부 홈페이지의 장관 연설문)
	TT	「제4차 제주평화포럼 국문 오찬사」 (2007. 6. 22, 대한민국 외교통상부 홈페이지의 장관 연설문)
8	ST	Rogak, L. (ed.). *Barack Obama in his Own Words*. New York: Mendel Media.
	TT	임재서 역. 2008. 『사람의 마음을 얻는 말』. 서울: 중앙북스㈜ (Lisa Rogak (ed.). *Barack Obama in his Own Words*. New York: Mendel Media).
9		곽명단 외 역. 2001. 『따뜻한 영혼을 위한 101가지 이야기』. 서울: 씨앗을 뿌리는 사람 (Jack Canfield and Mark Victor Hansen. 1996. *Condensed Chicken Soup for the Soul*. Deerfield Beach, Florida: Health Communications, Inc.).
기타		
10		김남훈 외 역. 2002. 『가이드포스트(*Guideposts*)』 제37권 제1호. 서울: 가이드포스트
11		김남훈 외 역. 2002. 『가이드포스트(*Guideposts*)』 제37권 제2호. 서울: 가이드포스트

부록*

〈부록표 1〉 한국어 시간 표현 '지금'의 영어 통사론 및 화용론적 특징

구 분			특징 (의미: 용례)
통사론의 문법 범주 측면	시제	현재	명사 (말하는 바로 이때: 지금부터 한 시간 동안만 놀자.) 부사 (말하는 바로 이때에: 그는 지금 공부하고 있다.) 형용사 (말하는 바로 이때의: 지금 상태는 어떤가?)
		과거	―
		미래	―
	시상	완료	―
		진행	진행 (말하는 바로 이때에: 그는 지금 공부하고 있다.)
화용론의 시점과 의미 측면	발화시와의 관계		발화 시점과 같은 때
	시간 길이		짧은 시간
	의미/내용		말하는 바로 이때, '현재'나 '요즈음'보다 좁은 시간 간격, 한자 只今(지금)의 한국어 표기
	동의어		'시방'과 동의어
유사한 영어 시간 표현			now, the present, the present day[time], this time[moment]

---

* 부록표는 국립국어원의 표준국어대사전에 기술된 한국어 시간부사의 의미와 용례를 영어의 통사론 및 화용론적 관점에서 필자가 분석한 주요 결과이다. 한편, 한국어 시간부사와 유사한 영어 표현은 Yahoo 홈페이지의 한영사전의 자료를 참고하였다.

〈부록표 2〉 한국어 시간 표현 '시방'의 영어 통사론 및 화용론적 특징

구 분			특징 (의미: 용례)
통사론의 문법 범주 측면	시제	현재	명사 (말하는 바로 이때: 여치와 귀뚜리 울음이 한데 어우러져 한바탕 자지러지면서 시방도 울고 있는 중이다.) 부사 (말하는 바로 이때에: 그는 시방 공부하고 있네.) 형용사 (말하는 바로 이때의: 시방 상태는 어떤가?)
		과거	─
		미래	─
	시상	완료	─
		진행	진행 (말하는 바로 이때에: 그는 시방 공부하고 있네.)
화용론의 시점과 의미 측면	발화시와의 관계		발화 시점과 같은 때
	시간 길이		짧은 시간
	의미/내용		말하는 바로 이때, 옛스런 표현, '현재'나 '요즈음'보다 좁은 시간 간격, 한자 時方(시방)의 한국어 표기
	동의어		'지금'과 동의어
유사한 영어 시간 표현			'지금'과 동의어로 설명되고 있음

〈부록표 3〉 한국어 시간 표현 '이제'의 영어 통사론 및 화용론적 특징

구 분			특징 (의미: 용례)
통사론의 문법 범주 측면	시제	현재	명사 (바로 이때: 입던 옷이 이제는 너무 작다.) 부사 (바로 이때에: 할머니 이제 그만 우세요.)
		과거	─
		미래	─
	시상	완료	─
		진행	─
화용론의 시점과 의미 측면	발화시와의 관계		발화 시점과 같은 때
	시간 길이		짧은 시간
	의미/내용		과거와 단절된 느낌을 주는 단어, '현재'나 '요즈음'보다 좁은 시간 간격
	반의어		지나간 때를 의미하는 '저제'의 반대말 (저제는 그가 누구인지 몰랐다. 나는 그를 저제 한 번 만났다.)
유사한 영어 시간 표현			now, by now; a moment ago (이제 막)

〈부록표 4〉 한국어 시간 표현 '이때'의 영어 통사론 및 화용론적 특징

구 분			특징 (의미: 용례)
통사론의 문법 범주 측면	시제	현재	명사 (바로 지금의 때: <u>이때</u>가 가장 중요하다.)
		과거	명사 (바로 앞에서 이야기한 시간상의 어떤 점이나 부분: 네가 거짓말을 한 것은 <u>이때</u>가 처음이니?) 부사 (바로 앞에서 이야기한 시간상의 어떤 점이나 부분: 바로 <u>이때</u>, 선생님께서 교실로 들어오셨다.)
		미래	-
	시상	완료	계속 (바로 지금의 때: <u>이때</u>까지 속만 살아왔니?)
		진행	진행 (바로 앞에서 이야기한 시간상의 어떤 점이나 부분: 그는 <u>이때</u> 잠을 자고 있었다.)
화용론의 시점과 의미 측면	발화시와의 관계		발화 시점, 혹은 발화 시점 전의 어느 때나 기간
	시간 길이		현재의 짧은 시간, 혹은 과거의 짧은 시간이나 기간
	의미/내용		바로 지금의 때, 혹은 과거의 어떤 시점이나 기간
	준말/동의어		'이때까지'는 '여태'로 바꾸어 쓸 수 있음
유사한 영어 시간 표현			이때: this time[juncture, moment, point] 이때에: at this time[juncture, moment, point], here, then, thereupon

〈부록표 5〉 한국어 시간 표현 '바야흐로'의 영어 통사론 및 화용론적 특징

구 분			특징 (의미: 용례)
통사론의 문법 범주 측면	시제	현재	부사 (이제 한창, 지금 바로: <u>바야흐로</u> 봄이다.)
		과거	─
		미래	─
	시상	완료	완료 (이제 한창, 지금 바로: <u>바야흐로</u> 봄이 왔다.)
		진행	진행 (이제 한창, 지금 바로: <u>바야흐로</u> 눈이 녹아 지붕에서는 낙수가 뚝뚝 떨어지고, 길이 질퍽하다.)
화용론의 시점과 의미 측면	발화시와의 관계		발화 시점
	시간 길이		시간 길이와 관련 없이, 지금의 상황을 나타내는 말
	의미/내용		이제 한창, 지금 바로
	준말/동의어		한국어 고어 '보야흐로'에서 발전해 온 말
유사한 영어 시간 표현			영한사전에서는 가까운 미래로 설명: (be) about to, on the point[brink, verge] of -ing, in the act of -ing

〈부록표 6〉 한국어 시간 표현 '현재'의 영어 통사론 및 화용론적 특징

구 분			특징 (의미: 용례)
통사론의 문법 범주 측면	시제	현재	명사 (지금의 시간, 현세(現世): 현재의 행복이 중요하다.) 형용사 (지금 이 시점의: 현재 상태는 어떤가?) 부사 (지금 이 시점에: 현재 우리 경제는 불황이다.)
		과거	―
		미래	―
	시상	완료	계속 (지금의 시간, 현세(現世): 현재의 삶이 행복합니까?)
		진행	진행 (지금 이 시점에: 현재 고통스럽습니까?)
화용론의 시점과 의미 측면	발화시와의 관계		발화 시점과 어느 정도 과거를 포함한 기간
	시간 길이		시점보다 긴 시간
	의미/내용		'지금', '시방', '이제'보다 넓은 시간 간격
	준말/동의어		한자 現在(현재)의 한국어 표기
유사한 영어 시간 표현			[지금] now, presently, ((at)) the present time [현재의] present, existing, current

〈부록표 7〉 한국어 시간 표현 '요즈음'의 영어 통사론 및 화용론적 특징

구 분			특징 (의미: 용례)
통사론의 문법 범주 측면	시제	현재	명사 (바로 얼마 전부터 이제까지의 무렵: 수박은 요즈음 제철이다.) 형용사 (바로 얼마 전부터 이제까지 무렵의: 요즈음 상태는 어떤가?) 부사 (바로 얼마 전부터 이제까지의 무렵에: 요즈음 독감이 유행입니다.)
		과거	―
		미래	―
	시상	완료	계속 (바로 얼마 전부터 이제까지의 무렵에: 우리 학교에는 요즈음 독감이 유행입니다.)
		진행	진행 (바로 얼마 전부터 이제까지의 무렵에: 요즈음 독감이 유행입니까? 나 요즈음 바쁘다.)
화용론의 시점과 의미 측면	발화시와의 관계		발화 시점 얼마 전부터 발화 시점까지의 무렵
	시간 길이		다소 긴 시간
	의미/내용		바로 얼마 전부터 이제까지 무렵, 현재를 포함한 기간으로서 '지금', '시방', '이제', '현재'보다 넓은 시간 간격
	준말/동의어		'요즈음'의 준말은 '요즘', '이즈음'과 동의어
유사한 영어 시간 표현			nowadays, (in) these days, today, now, at present

<부록표 8> 한국어 시간 표현 '오늘날'의 영어 통사론 및 화용론적 특징

구 분			특징 (의미: 용례)
통사론의 문법 범주 측면	시제	현재	명사 (지금의 시대: <u>오늘날</u>의 한국 현실은 어떤가?) 형용사 (지금 시대의: <u>오늘날</u> 한국의 경제 상황) 부사 (지금 시대에: <u>오늘날</u> 그들의 상태는 어떤가?)
		과거	—
		미래	—
	시상	완료	계속 (지금 시대에: <u>오늘날</u> 그들의 상태는 어떤가?)
		진행	
화용론의 시점과 의미 측면	발화시와의 관계		발화 시점 전부터 발화 시점을 포함한 기간
	시간 길이		긴 시간
	의미/내용		현재를 포함한 기간으로서 '지금', '시방', '이제', '현재'보다 넓은 시간 간격
	고어		한국어 고어 '오ᄂᆞᆯ날'과 '오ᄂᆞᆯ날'에서 발전해 온 말
유사한 영어 시간 표현			today, these days[times], the present day[time, age]

<부록표 9> 한국어 시간 표현 '여태'의 영어 통사론 및 화용론적 특징

구 분			특징 (의미: 용례)
통사론의 문법 범주 측면	시제	현재	명사 (지금까지의 기간: <u>여태</u>까지 자고 있니?) 부사 (지금까지, 아직까지: <u>여태</u> 놀고 있니?)
		과거	부사 (아직까지: <u>여태</u> 놀고 있었니?)
		미래	—
	시상	완료	계속 (지금까지, 아직까지: <u>여태</u> 성적이 그 수준이니?)
		진행	진행 (지금까지, 아직까지: <u>여태</u> 게임하고 있니?)
화용론의 시점과 의미 측면	발화시와의 관계		과거 어느 시점부터 발화 시점까지
	시간 길이		짧지 않은 시간
	의미/내용		어떤 행동이나 일이 이루어졌어야 함에도 그렇게 되지 않았음을 불만스럽게 여기거나, 또는 바람직하지 않은 행동이나 일이 계속되어 옴을 나타낼 때 쓰는 말
	준말/동의어		시간부사로 쓰인 '여태'는 '이때까지', '여태까지'로 대체될 수 있으며, 강조 표현은 '여태껏'과 '지금껏'
유사한 영어 시간 표현			'여태까지' 참조로 설명. [여태까지] thus far, so far

〈부록표 10〉 한국어 시간 표현 '방금'의 영어 통사론 및 화용론적 특징

구 분			특징 (의미: 용례)
통사론의 문법 범주 측면	시제	현재	명사 (말하는 시점과 같은 때: <u>방금</u>도 비행기가 폭음을 내며 날아가고 있습니다.) 부사 (말하는 시점과 같은 때에: 비행기가 폭음을 내며 <u>방금</u> 날아가고 있습니다.)
		과거	명사 (말하는 시점보다 조금 전: <u>방금</u>도 말했듯이) 부사 (말하는 시점보다 조금 전에: 그 소식을 <u>방금</u> 들었다.)
		미래	명사 (말하는 시점보다 조금 후: 한 개 남은 이마저 <u>방금</u>이라도 빠질 듯이 흔들흔들한다.) 부사 (말하는 시점보다 조금 후에: <u>방금</u> 주먹질을 할 듯이 코앞에다 삿대질을 해 댄다.)
	시상	완료	명사 (말하는 시점과 같은 때: 그 일을 <u>방금</u> 끝냈다.)
		진행	—
화용론의 시점과 의미 측면	발화시와의 관계		1. 발화 시점과 같은 때, 2. 발화 시점보다 바로 조금 전, 3. 발화 시점부터 바로 조금 후
	시간 길이		짧은 시간
	의미/내용		말하는 시점 전후 기간의 어느 시점
	준말/동의어		부사 '금방'(今方)과 동의어, 한자方今(방금)의 한국어 표기
유사한 영어 시간 표현			just now, right now, (only[but]) a moment ago, (only) a few minutes[moments] ago, a little while ago

〈부록표 11〉 한국어 시간 표현 '즉시'의 영어 통사론 및 화용론적 특징

구 분			특징 (의미: 용례)
통사론의 문법 범주 측면	시제	현재	명사 (어떤 일이 행하여지는 바로 그때: 항상 나쁜 소문은 즉시에 사이버 공간으로 퍼진다.)
		과거	명사 (어떤 일이 행하여지는 바로 그때: 그 소문은 즉시에 온 동네로 퍼졌다.)
		미래	명사 (어떤 일이 행하여지는 바로 그때: 그 소문은 즉시에 온 동네로 퍼질 것이다.)
	시상	완료	—
		진행	
화용론의 시점과 의미 측면	발화시와의 관계		발화 시점과 관계없이, 사건이나 상황의 시점과 같은 때
	시간 길이		짧은 시간
	의미/내용		어떤 일이 행하여지는 바로 그때
	준말/동의어		부사로 쓸 경우 '곧'을 사용, 한자卽時(즉시)의 국어 표기
유사한 영어 시간 표현			at once, promptly, immediately, directly, without delay, readily, instantly, in no time, forthwith, on the spot[instant], offhand, out of hand

〈부록표 12〉 한국어 시간 표현 '이번'의 영어 통사론 및 화용론적 특징

구 분			특징 (의미: 용례)
통사론의 문법 범주 측면	시제	현재	명사 (곧 돌아온 차례: 이번은 네 차례야.) 형용사 (곧 돌아온 차례의: 이번 식사당번이 누구니?)
		과거	명사 (막 지난간 차례: 이번과 같은 불행한 사태는 다시는 없어야 합니다.) 형용사 (막 지나간 차례: 이번 행사는 학생들의 호응이 대단하군요.)
		미래	명사 (곧 돌아오는 차례: 이번에는 실수하지 않겠다.) 형용사 (곧 돌아오는 차례의: 이번 주 토요일)
	시상	완료	—
		진행	—
화용론의 시점과 의미 측면	발화시와의 관계		발화시점, 혹은 발화시점에 인접한 시점
	시간 길이		시간 길이와 관련이 없고, 순서와 관련된 말
	의미/내용		곧 돌아오거나, 지나갔거나, 앞으로 돌아올 차례
	준말/동의어		'요번'과 동의어, '이번'의 옛스런 말은 '금번(今番)'과 '이참'
유사한 영어 시간 표현			1. [금번] this time, now 2. [다음번, 요다음] next time, another time

〈부록표 13〉 한국어 시간 표현 '곧'의 영어 통사론 및 화용론적 특징

구 분			특징 (의미: 용례)
통사론의 문법 범주 측면	시제	현재	부사 (때를 넘기지 아니하고 지체 없이: 잠옷은 잠잘 때에만 입고, 아침에 일어나면 곧 갈아입어야 합니다.)
		과거	부사 (때를 넘기지 아니하고 지체 없이: 할아버지께서 부르시면 곧 달려가야 했다.)
		미래	부사 (시간적으로 머지않아: 어머니께서 곧 오실 거야.)
	시상	완료	—
		진행	—
화용론의 시점과 의미 측면	발화시와의 관계		발화 시점과 관계없이, 사건이나 상황의 시점과 같은 때
	시간 길이		짧은 시간
	의미/내용		1. 때를 넘기지 않고 지체 없이, 2. 시간적으로 머지않아, 3. 바꾸어 말하면
	준말/동의어		명사로 써야 할 경우, 한자 卽時(즉시)의 한국어 표기인 '즉시'를 사용
유사한 영어 시간 표현			[금방] in a moment, immediately, instantly, directly, soon enough, at once, quick(ly), straight off; [즉석에서] on the spot; [오래잖아] soon, shortly, presently

〈부록표 14〉 한국어 시간 표현 '벌써'의 영어 통사론 및 화용론적 특징

구 분			특징 (의미: 용례)
통사론의 문법 범주 측면	시제	현재	부사 (예상보다 빠르게 어느새: 벌써 점심시간이다.)
		과거	명사 (이미 오래 전: 난 그 일을 벌써부터 알고 있었다.) 부사 (이미 오래 전에: 난 그 일을 벌써 알고 있었다.)
		미래	
	시상	완료	계속 (이미 오래 전: 난 그 일을 벌써(부터) 알고 있었다.)
		진행	—
화용론의 시점과 의미 측면	발화시와의 관계		발화 시점보다 오래 전, 혹은 시간이 발화 시점까지 빠르게 경과
	시간 길이		시간 길이와 관련이 없고, 시간의 경과와 관련된 말
	의미/내용		1. 이미 오래 전에, 2. 예상보다 빠르게 어느새
	준말/동의어		한국어 고어 '볼'와 '볼셔'에서 발전해 온 말
유사한 영어 시간 표현			[오래 전에] long ago[since], a long time ago, quite a while ago; [이미] already, yet(의문문에서), ((not)) any more[longer] (부정문에서); [어느새] so soon

<부록표 15> 한국어 시간 표현 '막'의 영어 통사론 및 화용론적 특징

구 분			특징 (의미: 용례)
통사론의 문법 범주 측면	시제	현재	부사 (바로 지금: 막 출발하다.)
		과거	부사 (바로 그때: 아버지가 막 운명하고 계셨다.)
		미래	—
	시상	완료	완료 (바로 지금: 집에 막 도착하였다.)
		진행	진행 (바로 그때: 아버지가 막 운명하고 계셨다.)
화용론의 시점과 의미 측면	발화시와의 관계		발화 시점, 혹은 발화 시점 이전의 어느 때
	시간 길이		시점이나 짧은 시간
	의미/내용		1. 바로 지금, 2. 바로 그때
	준말/동의어		현재 시간부사로 쓰일 때, '지금'과 동의어
유사한 영어 시간 표현			'막'에 대한 영어 시간 표현 설명이 없음

<부록표 16> 한국어 시간 표현 '오늘'의 영어 통사론 및 화용론적 특징

구 분			특징 (의미: 용례)
통사론의 문법 범주 측면	시제	현재	명사 (지금 지나가고 있는 이날: 오늘은 날씨가 맑다.) 부사 (지금 지나가고 있는 이날에: 난 오늘 기분이 좋다.)
		과거	—
		미래	—
	시상	완료	—
		진행	—
화용론의 시점과 의미 측면	발화시와의 관계		발화 시점이 포함된 날
	시간 길이		하루
	의미/내용		1. 지금 지나가고 있는 이날(에), 2. 오늘날
	준말/동의어		한국어 고어 '오늘'에서 발전해 온 말
유사한 영어 시간 표현			today, this day

<부록표 17> 한국어 시간 표현 '아까'의 영어 통사론 및 화용론적 특징

구 분			특징 (의미: 용례)
통사론의 문법 범주 측면	시제	현재	—
		과거	명사 (조금 전: 그는 다시 <u>아까</u>와 같이 누워 있다.) 부사 (조금 전에: <u>아까</u> 내가 너무 경솔했다.)
		미래	—
	시상	완료	—
		진행	—
화용론의 시점과 의미 측면	발화시와의 관계		발화 시점보다 조금 전에
	시간 길이		길지 않은 시간
	의미/내용		조금 전(에)
	준말/동의어		—
유사한 영어 시간 표현			some time ago, a little while ago, a short time ago

<부록표 18> 한국어 시간 표현 '접때'의 영어 통사론 및 화용론적 특징

구 분			특징 (의미: 용례)
통사론의 문법 범주 측면	시제	현재	—
		과거	명사 (오래지 아니한 과거의 어느 때: 저 사람은 <u>접때</u>보다 더 건강하고 씩씩해진 것 같다.) 부사 (오래지 아니한 과거의 어느 때에: 그는 <u>접때</u> 만난 적이 있는 사람이다.)
		미래	—
	시상	완료	계속 (오래지 아니한 과거의 어느 때: 그 남자는 <u>접때</u>부터 자기를 한 번만 만나 달라고 조른다.)
		진행	진행 (오래지 아니한 과거의 어느 때에: 나도 <u>접때</u> 그 수업 시간에 졸았다.)
화용론의 시점과 의미 측면	발화시와의 관계		발화 시점과 오래지 않은 과거
	시간 길이		시점, 혹은 길지 않은 시간
	의미/내용		오래지 아니한 과거의 어느 때(에)
	준말/동의어		
유사한 영어 시간 표현			some time[a few days] ago, the other day, not long ago, last time(지난번)

〈부록표 19〉 한국어 시간 표현 '이미'의 영어 통사론 및 화용론적 특징

구 분			특징 (의미: 용례)
통사론의 문법 범주 측면	시제	현재	—
		과거	부사 (다 끝나거나 지난 일을 이를 때 쓰는 말: <u>이미</u> 때가 늦었다. 그녀는 <u>이미</u> 미국으로 떠났다.)
		미래	
	시상	완료	결과 (다 끝나거나 지난 일을 이를 때 쓰는 말: 그녀는 <u>이미</u> 미국으로 떠났다.)
		진행	
화용론의 시점과 의미 측면	발화시와의 관계		발화 시점 이전의 과거
	시간 길이		과거의 짧은 시점이나 기간
	의미/내용		다 끝나거나 지난 일을 이를 때 쓰는 말
	준말/동의어		—
유사한 영어 시간 표현			1. [벌써] already, yet(의문문에서), ((not)) any longer, by now, by this time; 2. [앞서] previously; before

〈부록표 20〉 한국어 시간 표현 '그'의 영어 통사론 및 화용론적 특징

구 분			특징 (의미: 용례)
통사론의 문법 범주 측면	시제	현재	—
		과거	대명사 (앞에서 이미 말하였거나 청자가 생각하고 있는 사람이나 대상: <u>그</u>는 좋은 사람이다. <u>그</u>와 같은 사실) 수식어 (관사/지시형용사, 앞에서 이미 말한 대상을 가리킬 때 쓰는 말: <u>그</u> 사건의 원인은 다음과 같다.)
		미래	—
	시상	완료	—
		진행	—
화용론의 시점과 의미 측면	발화시와의 관계		발화 시점 이전의 과거
	시간 길이		지시만 할 뿐이며, 이 단어만으로 시간 길이를 알 수 없음
	의미/내용		화자가 이미 말했거나, 청자가 생각하고 있는 사람/대상
	준말/동의어		
유사한 영어 시간 표현			that, those, the; [앞에서 말한] the same; [그것의] its

〈부록표 21〉 한국어 시간 표현 '지난'의 영어 통사론 및 화용론적 특징

구 분			특징 (의미: 용례)
통사론의 문법 범주 측면	시제	현재	—
		과거	형용사 (시간이 흘러 과거가 된: 지난 신문, 지난 방송) 접두사 (바로 전의 과거: 지난밤, 지난해, 지난겨울)
		미래	—
	시상	완료	—
		진행	—
화용론의 시점과 의미 측면	발화시와의 관계		발화 시점 이전의 과거
	시간 길이		과거를 나타내며, 이 단어만으로 시간 길이를 알 수 없음
	의미/내용		시간이 흘러 과거가 된, 혹은 바로 전의 과거
	준말/동의어		동사 '지나다'(의미: 시간이 흘러 과거가 되다)에서 파생
유사한 영어 시간 표현			last (last night), of the past (things of the past)

〈부록표 22〉 한국어 시간 표현 '그때'의 영어 통사론 및 화용론적 특징

구 분			특징 (의미: 용례)
통사론의 문법 범주 측면	시제	현재	
		과거	명사 (앞에서 이미 말한 시간상의 어떤 점이나 부분: 그때의 모욕을 나는 아직도 생생히 기억하고 있다.) 부사 (앞에서 이미 말한 시간상의 어떤 점이나 부분에: 바로 그때, 선생님께서 교실로 들어오셨다.)
		미래	명사 (앞에서 이미 말한 시간상 미래의 어떤 점이나 부분: 뒷일은 그때 가서 걱정해도 된다.)
	시상	완료	계속 (앞에서 이미 말한 시간상의 어떤 점이나 부분: 뒷일은 그때까지 걱정하지 않아도 된다.)
		진행	진행 (앞에서 이미 말한 시간상의 어떤 점이나 부분: 그는 그때 잠을 자고 있었다.)
화용론의 시점과 의미 측면	발화시와의 관계		발화 시점 이전의 과거에 말한 어떤 시점이나 기간
	시간 길이		길지 않지만, 이 단어만으로는 시간 길이를 알 수 없음
	의미/내용		발화 시점 이전의 과거에 말한 '그때'라는 시점이나 기간은, 현재 이외의 과거나 미래를 의미하고 있음
유사한 영어 시간 표현			that time[moment, occasion], then; [부사적으로] at that time[moment], then, on that occasion

〈부록표 23〉 한국어 시간 표현 '앞서'의 영어 통사론 및 화용론적 특징

구 분			특징 (의미: 용례)
통사론의 문법 범주 측면	시제	현재	—
		과거	부사 (지금보다 앞선 때에: <u>앞서</u> 말했듯이, <u>앞서</u> 지적했듯이, <u>앞서</u> 했듯이)
		미래	—
	시상	완료	—
		진행	
화용론의 시점과 의미 측면	발화시와의 관계		발화 시점 이전의 과거
	시간 길이		시점이나 짧은 시간
	의미/내용		1. 지금보다 앞선 때에, 2. 남보다 먼저(<u>앞서</u> 도착했다.), 3. 아예 미리(<u>앞서</u> 생각해 두다.)
	준말/동의어		—
유사한 영어 시간 표현			[먼저] before, earlier (than); [선행하여] antecedently, precedently; [⋯에 앞서] prior[previous] to

〈부록표 24〉 한국어 시간 표현 '저제'의 영어 통사론 및 화용론적 특징

구 분			특징 (의미: 용례)
통사론의 문법 범주 측면	시제	현재	
		과거	명사 (지나간 때: <u>저제</u>는 그가 누구인지 몰랐다.) 부사 (지나간 때에: 그는 <u>저제</u> 한 번 만난 적이 있는 사람이다.)
		미래	
	시상	완료	결과 (지나간 때에: 그는 <u>저제</u> 미국으로 떠났다.)
		진행	진행 (지나간 때에: 그는 <u>저제</u> 수업 시간에 졸았다.)
화용론의 시점과 의미 측면	발화시와의 관계		발화 시점 이전의 과거
	시간 길이		시점이나 짧은 시간
	의미/내용		지나간 때(에)
	준말/동의어		'이제'와 대비되는 말
유사한 영어 시간 표현			'저제'에 대한 영어 시간 표현 설명이 없음

〈부록표 25〉 한국어 시간 표현 '저번에'의 영어 통사론 및 화용론적 특징

구 분			특징 (의미: 용례)
통사론의 문법 범주 측면	시제	현재	―
		과거	부사 (지난번에: <u>저번에</u> 고향에 잘 갔니?)
		미래	
	시상	완료	―
		진행	―
화용론의 시점과 의미 측면	발화시와의 관계		발화 시점 이전의 과거
	시간 길이		이 단어만으로는 시간 길이를 알 수 없음
	의미/내용		지난번에
	준말/동의어		명사 '저번'에 부사격 조사 '-에'를 붙여 쓴 부사 '저번'은 한자 這番(저번)의 한국어 표기
유사한 영어 시간 표현			the other day, last, previous

〈부록표 26〉 한국어 시간 표현 '마침내'의 영어 통사론 및 화용론적 특징

구 분			특징 (의미: 용례)
통사론의 문법 범주 측면	시제	현재	―
		과거	부사 (드디어 마지막에는: <u>마침내</u> 숙제를 끝마쳤다. <u>마침내</u> 유럽 여행을 하였다. <u>마침내</u> 미국으로 가버렸다.)
		미래	
	시상	완료	부사 (드디어 마지막에는: 〈완료용법〉 <u>마침내</u> 숙제를 끝마쳤다. 〈경험용법〉 <u>마침내</u> 유럽배낭여행을 하였다. 〈결과용법〉 그는 <u>마침내</u> 미국으로 가버렸다.)
		진행	―
화용론의 시점과 의미 측면	발화시와의 관계		발화 시점 이전의 과거
	시간 길이		시점
	의미/내용		드디어 마지막에는
	준말/동의어		'급기야'(及其也)와 동의어, 한국어 고어 'ᄆᆞᄎᆞᆷ내'에서 발전해 온 말
유사한 영어 시간 표현			at (long) last, at length, finally, in the end[upshot], in the long run, in time, ultimately, after all

〈부록표 27〉 한국어 시간 표현 '드디어'의 영어 통사론 및 화용론적 특징

구 분			특징 (의미: 용례)
통사론의 문법 범주 측면	시제	현재	—
		과거	부사 (무엇으로 말미암아 그 결과로: 내 집을 <u>드디어</u> 마련했다. 드 디어 시험이 끝났다.)
		미래	—
	시상	완료	완료 (무엇으로 말미암아 그 결과로: <u>드디어</u> 시험이 끝났다.)
		진행	—
화용론의 시점과 의미 측면	발화시와의 관계		발화 시점 이전의 과거
	시간 길이		시점
	의미/내용		무엇으로 말미암아 그 결과로
	준말/동의어		한국어 고어 '드듸여'에서 발전해 온 말
유사한 영어 시간 표현			at (long) last, at length, finally, in the end, ultimately, eventually, in the long run, [부정문에서] after all

〈부록표 28〉 한국어 시간 표현 '이윽고'의 영어 통사론 및 화용론적 특징

구 분			특징 (의미: 용례)
통사론의 문법 범주 측면	시제	현재	
		과거	부사 (얼마 있다가, 또는 얼마쯤 시간이 흐른 뒤에: <u>이윽고</u> 해가 뜨 기 시작했다.)
		미래	—
	시상	완료	
		진행	—
화용론의 시점과 의미 측면	발화시와의 관계		발화 시점 이전의 과거
	시간 길이		시점
	의미/내용		얼마 있다가, 또는 얼마쯤 시간이 흐른 뒤에
	준말/동의어		한국어 고어 '이슥고'에서 발전해 온 말
유사한 영어 시간 표현			soon afterward(s), in a (little) while, after a while, in a short time, shortly (after), before long, by and by

〈부록표 29〉 한국어 시간 표현 '어제'의 영어 통사론 및 화용론적 특징

구 분			특징 (의미: 용례)
통사론의 문법 범주 측면	시제	현재	
		과거	명사 (오늘의 바로 하루 전날: 그는 <u>어제</u>의 그가 아니다.) 부사 (오늘의 바로 하루 전날에: 그 일은 <u>어제</u> 끝냈다.)
		미래	—
	시상	완료	—
		진행	—
화용론의 시점과 의미 측면	발화시와의 관계		발화 시점 전날
	시간 길이		하루
	의미/내용		오늘의 바로 전날(에)
	준말/동의어		'어저께'와 동의어, 한국어 고어 '어제'에서 발전해 온 말
유사한 영어 시간 표현			yesterday

〈부록표 30〉 한국어 시간 표현 '이따가'의 영어 통사론 및 화용론적 특징

구 분			특징 (의미: 용례)
통사론의 문법 범주 측면	시제	현재	—
		과거	—
		미래	부사 (조금 지난 뒤에: <u>이따가</u> 갈게. <u>이따가</u> 얘기하자.)
	시상	완료	—
		진행	—
화용론의 시점과 의미 측면	발화시와의 관계		발화 시점 조금 후의 미래
	시간 길이		미래의 어느 시점
	의미/내용		가까운 미래
	준말/동의어		'이따'와 동의어
유사한 영어 시간 표현			a little[bit] later, after a while[short time], a short time later

〈부록표 31〉 한국어 시간 표현 '장차'의 영어 통사론 및 화용론적 특징

구 분			특징 (의미: 용례)
통사론의 문법 범주 측면	시제	현재	. ─
		과거	─
		미래	부사 (미래의 어느 때를 나타내는 말: 장차 무엇이 되고 싶니?)
	시상	완료	─
		진행	─
화용론의 시점과 의미 측면	발화시와의 관계		발화 시점 후의 미래
	시간 길이		미래의 어느 시점이나, 미래의 어느 시점 이후
	의미/내용		미래의 어느 때
	준말/동의어		'앞으로'와 동의어, 한자 將次(장차)의 한국어 표기
유사한 영어 시간 표현			in (the) future, some day, by and by, in the end, in (due) course of time, in (due) time

〈부록표 32〉 한국어 시간 표현 '다음번에'의 영어 통사론 및 화용론적 특징

구 분			특징 (의미: 용례)
통사론의 문법 범주 측면	시제	현재	─
		과거	─
		미래	부사 (다음에 오는 차례에: 다음번에 꼭 오세요.)
	시상	완료	─
		진행	─
화용론의 시점과 의미 측면	발화시와의 관계		발화 시점 후의 미래
	시간 길이		시간 길이와 관련이 없고, 순서와 관련된 말
	의미/내용		1. 앞으로 돌아올 차례에, 2. 다른 기회에
	준말/동의어		명사 '다음번'에 부사격 조사 '-에'를 붙여 쓴 부사 '요다음에'와 동의어
유사한 영어 시간 표현			[다음번, 요다음] next time; another time

〈부록표 33〉 한국어 시간 표현 '내일'의 영어 통사론 및 화용론적 특징

구 분			특징 (의미: 용례)
통사론의 문법 범주 측면	시제	현재	―
		과거	―
		미래	명사 (오늘의 바로 다음날: 시험은 내일이면 끝난다.)(다가올 앞날: 내일에 대한 희망을 갖자.) 부사 (오늘의 바로 다음날에: 내일 다시 시작하자.)
	시상	완료	―
		진행	―
화용론의 시점과 의미 측면	발화시와의 관계		발화 시점 다음날, 혹은 발화 시점 후의 미래
	시간 길이		하루, 혹은 미래 .
	의미/내용		1. 오늘의 바로 다음날(에), 2. 다가올 앞날
	준말/동의어		'오늘 바로 다음날'의 의미일 경우, '명일'(明日)과 동의어
유사한 영어 시간 표현			tomorrow, the morrow

〈부록표 34〉 한국어 시간 표현 '끝내'의 영어 통사론 및 화용론적 특징

구 분			특징 (의미: 용례)
통사론의 문법 범주 측면	시제	현재	부사 (끝까지 내내: 그는 진술을 끝내 거부하고 있다.)
		과거	부사 (끝까지 내내: 그가 누군지 끝내 알 수 없었다.)
		미래	부사 (끝까지 내내: 소망을 끝내 이룰 것이다.)
	시상	완료	완료 (끝에 가서 드디어: 숙제를 끝내 모두 마칠 것이다.)
		진행	
화용론의 시점과 의미 측면	발화시와의 관계		발화 시점과 관계없이, 지속이나 종결을 나타냄
	시간 길이		긴 시간 이어진 상황이나 상태의 지속이나 종결을 나타냄
	의미/내용		1. (주로 부정을 나타내는 말과 함께 쓰여) 끝까지 내내, 2. 끝에 가서 드디어
	준말/동의어		'끝까지 내내'의 의미일 경우, '끝끝내'와 동의어
유사한 영어 시간 표현			[결국]과 동의어로 설명: in the end, finally, ultimately, on top of all this, as the last consequence, as the final outcome, to crown[cap] all, after all

<부록표 35> 시제와 무관한 시상 관련 한국어 주요 시간부사

시간부사	의 미	용 례
가끔	시간적, 공간적 간격이 얼마쯤씩 뜨게, 유사어 '종종'	나는 <u>가끔</u> 술을 마신다.
간간이	시간적 사이를 두고서 가끔씩, '間間'에 부사격 조사 '-이'를 붙여 만든 시간부사	<u>간간이</u> 기적 소리가 들려 왔다.
간혹	어쩌다가 띄엄띄엄, 한자 間或(간혹)의 국어 표기	그의 소식이 <u>간혹</u> 들려온다.
나중에	얼마의 시간이 지난 뒤에, 명사 '나중'에 부사격 조사 '-에'를 붙여 만든 시간부사	그는 <u>나중에</u> 가서야 후회했다.
노상	언제나 변함없이 한 모양으로 줄곧	그는 <u>노상</u> 웃고 다닌다.
더러	이따금 드물게	전에는 <u>더러</u> 그를 만났습니다.
드문드문	시간적으로 잦지 않고 드문 모양, '뜨문뜨문'과 동의어	객석에서 <u>드문드문</u> 박수가 새어 나왔다.
때때로	경우에 따라서 가끔	그는 <u>때때로</u> 나를 실망시키곤 했다.
띄엄띄엄	계속하여 하지 아니하고 어느 정도 일정한 사이를 두고 하는 모양	<u>띄엄띄엄</u> 말하다. 창밖에서는 벌레 울음소리가 <u>띄엄띄엄</u> 들려왔다.
뜨문뜨문	시간적으로 잦지 않고 드문 모양, '드문드문'과 동의어	그녀는 겨우 말문이 열린 듯 <u>뜨문뜨문</u> 이야기를 시작하였다.
먼저	시간적으로나 순서상으로 앞서서	나 <u>먼저</u> 나갈게.
무렵에	대략 어떤 시기와 일치하는 즈음에, 명사 '무렵'에 부사격 조사 '-에'를 붙여 만든 시간부사	그 <u>무렵에</u> 나는 외출하였다.
미리	어떤 일이 생기기 전에	제가 <u>미리</u> 알려드리겠습니다.
불현듯이	불을 켜서 불이 일어나는 것과 같이, '불현듯'과 동의어	<u>불현듯이</u> 어린 시절이 떠오르다.
사이사이에	어떤 행위, 사건 따위의 중간 중간에, 명사 '사이사이'에 부사격 조사 '-에'를 붙여 만든 시간부사	그는 <u>사이사이에</u> 말했다.
수시로	아무 때나 늘, 한자 명사 隨時(수시)에 부사격 조사 '-로'를 붙여 만든 시간부사	<u>수시로</u> 전화를 걸다.
순식간에	눈을 한 번 깜짝하거나 숨을 한 번 쉴 만한 아주 짧은 동안에, 한자 瞬息間(순식간)에 부사격 조사 '-에'를 붙여 만든 시간부사	불이 <u>순식간에</u> 번졌다.
언제나	모든 시간 범위에 걸쳐서, 또는 때에 따라 달라짐이 없이 항상	나는 아버지가 <u>언제나</u> 그립다.
오래	시간이 지나가는 동안이 길게	그를 <u>오래</u> 기억할 것이다.

시간부사	의 미	용 례
오래오래	시간이 지나는 기간이 매우 길게	그 산을 오래오래 바라다보고 서 있었다.
오랫동안	시간상으로 썩 긴 기간 동안	나는 오랫동안 망설인 끝에 드디어 결심했다.
왕왕	시간의 간격을 두고 이따금, 한자 往往(왕왕)의 국어 표기	어처구니없는 글 부탁을 받는 수가 왕왕 있다.
이따금	얼마쯤씩 있다가 가끔	이따금 산에 올라간다.
이어	앞의 말이나 행동 따위에 잇대어, 또는 계속하여	벨이 울리고, 이어 불이 꺼졌다.
이어서	앞의 말이나 행동 따위에 잇대어, 또는 계속하여	벨이 울리고, 이어서 불이 꺼졌다.
일찍	일정한 시간보다 이르게, '일찍이'와 동의어	그는 부모를 일찍 여의었다.
일찍이	일정한 시간보다 이르게, '일찍'과 동의어	그는 부모를 일찍이 여의었다.
자주	같은 일을 잇따라 잦게	머리를 자주 감다.
잠깐	얼마 되지 않는 매우 짧은 동안에	생각이 잠깐 끊기다.
잠시	짧은 시간에, 한자 暫時(잠시)의 국어 표기	잠시 머뭇거리다.
점점	조금씩 더하거나 덜하여지는 모양, 한자 漸漸(점점)의 국어 표기	약속 시간이 점점 가까워진다.
점차	차례를 따라 조금씩, 한자 漸次(점차)의 국어 표기	점차 감소하다.
조금	시간적으로 짧게	조금 기다려 주세요.
쪼끔	시간적으로 짧게, '조금'보다 센 말	쪼끔 기다려 주세요.
종종	'가끔'과 동의어, 한자 種種(종종)의 국어 표기	지나다 종종 들르세요.
진작	좀 더 일찍이, 주로 기대나 생각대로 잘되지 않은 지나간 사실에 대하여 뉘우침이나 원망의 뜻을 나타내는 문장에 쓴다.	진작 그렇게 하지.
차차	어떤 사물의 상태가 시간의 흐름에 따라 일정한 방향으로 조금씩 진행하는 모양, 혹은 서두르지 않고 뒤에 천천히, 한자 次次의 국어 표기	날씨가 차차 좋아지다. 꾼 돈은 차차 갚아도 된다.
처음에	시간적으로나 순서상으로 맨 앞에	나는 처음에 그렇게 생각했다.
틈틈이	겨를이 있을 때마다	틈틈이 논문을 열심히 썼습니다.
한나절에	하루 낮의 반(半)에	그 일을 한나절에 끝마쳤다.
항상	언제나 변함없이, 한자 恒常(항상)의 국어 표기	그녀는 항상 웃는다. 교수님께서는 항상 바쁘시다.

* 참고: 국립국어원 홈페이지의 표준국어대사전(http://www.korean.go.kr)

찾아보기

| M |

Maori — 81

Matthews — 26

might — 73

Mason — 12, 29

may — 73

modal(법조동사) — 54

| N |

Newmark — 17

non-equivalence — 13

| P |

Perfective Grammatical Aspect — 75

progressive aspect — 74

perfective(완료) — 20

| Q |

Quirk — 34

| R |

realis(실재) — 31

receptor — 14

Reiss — 17

reality — 81

Reichenbach — 34

Ross — 17

| S |

Schmitt — 17

SL — 13

Sorvali — 14, 27

Shuttleworth — 16, 91

Snell-Hornby — 15, 17, 91

Source Language — 13

|ㄱ|

ㅁ

ㅂ

| ㅇ |

｜ㅈ｜

지은이 **설옥순(薛玉順)**

• "설옥순의 인터내셔널 매너" 진행자(MC)
  C&M · GS강남방송 · 부동산TV에서 방영
• 서울시 인문학장학생으로 세종대 영어영문학과에서
  번역학을 전공하여 문학박사학위를 수여 받았으며,
  서울시 영어통역사 숭섬관리대상인력으로 지정
• 세계의상페스티벌 부회장
• 강남구 여행(女幸)포럼 위원
• SIWA(서울국제여성협회)와 I.C.C. 회원
• 대한어머니회 서울시연합회 영어사절단 단원
• 강남구여성능력개발센터 통역봉사자
• 서초구 노인복지회관 자원봉사 영어 강사,
  주한 외국인을 위해 자원봉사 한국어 강사로 활동
• 효행상(강남구청장), 참된배움인상(강남구여성센터),
  봉사감사장(용산 미8군) 등을 수상
• 현재, 세종대학교에 출강

e-mail: oksoon@sju.ac.kr

시간의 언어화와 번역: 시간 표현에 대한 영한 번역을 중심으로

발행일 • 2009년 5월 20일
지은이 • 설옥순
발행인 • 이성모 / 발행처 • 도서출판 동인
주소 • 서울시 종로구 명륜동 아남주상복합빌딩 118호 / 등록 • 제 1-1599호
TEL • (02)765-7145, 55/FAX • (02)765-7165
E-mail • dongin60@chol.com / HomePage • www.donginbook.co.kr

ISBN 978-89-5506-394-3
정가 12,000원

※ 잘못 만들어진 책은 바꾸어 드립니다.